Les invisibles de l'Élysée

Les invisibles de l'Élysée

Emery Doligé

Photographies de
Sacha Goldberger

Les Presses de la Cité

92, avenue de France – 75013 Paris
ISBN 978-2-258-20007-4
Dépôt légal : janvier 2022

À Pierre Perret

« Le Royaume est à la fois l'arbre et
la racine, ce qui doit advenir et ce qui est
déjà là. Ce n'est pas un au-delà, plutôt
une dimension de la réalité qui le plus
souvent nous demeure invisible. »

EMMANUEL CARRÈRE

SOMMAIRE

OUVERTURE

La première fois que Sacha est entré à l'Élysée, Valéry Giscard d'Estaing était président. Il avait huit ans et arborait une belle cravate bigarrée. Il accompagnait son père qui honorait un de ses amis. La seconde, deux assistants l'accompagnaient pour une séance de repérage pour ce livre. Il ne portait plus de cravate, mais avait pris un soin particulier à choisir sa tenue.

J'y suis entré pour la première fois le troisième jour de mon service militaire. Je remplaçais au pied levé un appelé accidenté. J'étais affecté à l'intendance et j'allais vivre la dernière année du mandat de François Mitterrand.

Nous nous souvenons de chaque moment. Même un peu flous, ces souvenirs suscitent en nous mélancolie et exaltation. Comme un moment suspendu. Une fierté. Nous comprenons tellement ces longues queues de visiteurs impatients de pénétrer dans le palais de l'Élysée lors des Journées du patrimoine ou ces photos d'invités aux sourires éclatants prises sur le perron et postées sur les réseaux sociaux.

Si chaque Français connaît le locataire du lieu parce qu'il est le premier d'entre eux, nous ignorons tout de ceux grâce à qui fonctionne la première institution de France. Quelle est cette machinerie humaine qui entoure le président et qui reçoit le monde entier ? Qui sont ces femmes et ces hommes qui, chacun à leur niveau, sont les premiers représentants de la qualité française ? Comment, au travers des années, organisent-ils le palais ? Quelles sont toutes ces ombres qui permettent, par leur travail, la mise en lumière de l'homme élu à la mandature suprême ?

Sacha avec son appareil photo, moi avec mon stylo, nous sommes partis à la rencontre des invisibles de l'Élysée.

Dans chaque entretien, j'ai cherché à connaître leur parcours, ce qu'ils pensaient de leur expérience, comment ils percevaient le lieu et leurs locataires successifs. Ils se sont racontés, ils m'ont révélé leurs coulisses du 55 rue du Faubourg-Saint-Honoré et de ses dépendances.

FLORINE BITTERWOLD
FAMILLE

D'abord l'entrée. Je n'étais pas en retard et déjà la gendarme m'attendait dans sa tenue impeccable. Le sourire dans les yeux, le reste du visage masqué. Pendant tout l'entretien, elle est restée dissimulée derrière ce bout de tissu réglementaire, droite comme un I.

Née en Alsace à la frontière avec l'Allemagne, Florine n'aurait jamais pensé travailler à Paris. « Adolescente, je voulais être pilote d'hélicoptère dans l'Armée de terre. » Mais elle échoue aux tests. Elle cherche et trouve une autre solution pour pouvoir piloter : la gendarmerie. Elle s'engage comme gendarme adjoint volontaire et passe le concours de sous-officier. Bien classée, elle choisit d'intégrer le 1er régiment d'infanterie de la Garde républicaine dont l'emploi est particulièrement lié au « 55 rue du Faubourg », comme on dit dans le jargon. Elle est sélectionnée pour être membre de la Compagnie de sécurité de la présidence de la République (CSPR).

Elle foule les graviers de la cour du palais pour la première fois en 2015. « Quand je suis arrivée à Paris, je me suis perdue. J'ai fini par trouver l'Élysée, et je me suis trompée d'entrée. Tout commençait mal. Et puis j'ai pénétré dans la cour d'honneur. Elle me paraissait toute petite par rapport aux images de la télévision. Je n'étais pas déçue mais étonnée. Chez moi, en Alsace, ils étaient dingues de joie pour moi. Je suis fille unique et, pour mes parents, Paris, c'est ce qu'il y a de mieux pour travailler. Alors l'Élysée… »

Florine n'est pas très diserte. Ses phrases sont courtes. Se raconter est un exercice qu'elle n'aime pas et elle maintient une réelle distance. Et puis, quand elle parle de sa famille, elle s'ouvre. « Quand j'ai été bien installée, j'ai pu faire venir mes parents pour qu'ils visitent l'Élysée. Ils étaient fiers de moi. » Florine a les yeux qui brillent en détaillant la visite de ses parents. « Ils n'ont pas l'habitude, moi non plus d'ailleurs, nous étions très émus par ce moment de découverte en famille et par tout ce faste. L'Élysée, c'était inespéré d'y être pour des gens de peu comme nous. »

Outre l'Élysée, les gardes de la CSPR assurent les honneurs et la sécurité dans les résidences présidentielles de Marly, Rambouillet (jusqu'en 2007 – à partir de la présidence Sarkozy, le château de Rambouillet

est devenu une résidence officielle du Premier ministre), Marigny ou Brégançon lors de visites officielles ou de déplacements présidentiels. Ils ont trois missions : la sécurité aux abords et à l'intérieur du Palais, le contrôle des entrées ou encore la régulation (voir portrait d'Hélène Dayres, p. 90).

Florine s'occupe des entrées. « Tout ce qui entre et sort de l'Élysée, c'est nous qui faisons le contrôle : personne, colis, voiture. » Les identités sont soumises au crible des Renseignements généraux, les colis sont passés aux rayons X et analysés par d'autres techniques dont elle ne me parle pas.

Il fait une chaleur insupportable dans le bureau où nous discutons, mais elle garde le képi vissé sur sa tête. Sa tenue avec son gilet pare-balles doit être une véritable fournaise. Elle ne se plaint pas, elle ne montre aucune faiblesse.

Depuis les attentats de Charlie et du Bataclan, il n'y a plus de défilés dans la rue devant l'Élysée. « Tout a été renforcé avec Vigipirate, la rue a été fermée à la population. Elle est devenue un sas. » Quand je lui demande si cela n'éloigne pas le citoyen du bâtiment, elle semble me sourire derrière son masque et me rappelle les impératifs de sécurité.

Je n'en saurai pas plus, alors je l'invite à me raconter un épisode qui a été marquant pour elle depuis six ans. Sans hésiter, elle me lance : « La passation des pouvoirs Hollande-Macron. » Elle semble se détendre un peu. « J'ai pris sur mon temps libre pour y assister. C'est un moment historique, une passation. Une page qui se tourne et on ne sait pas trop ce qui va nous attendre ensuite. » Elle parle d'un souvenir personnel, alors elle se détend un peu. « M. François Hollande venait très souvent nous dire bonjour, il y avait un contact, il avait une vraie proximité avec nous. Nous étions tous émus dans la cour le jour de son départ. Et puis, tous les gens de l'Élysée qui se réunissent dans la cour, c'est comme une grande famille qui se retrouve. Cela faisait plaisir à voir. On croise beaucoup de monde dans le palais, mais, en dehors d'un bonjour, on ne prend pas le temps de partager un moment. Là, c'était fort. »

Je lui rapporte qu'il était de notoriété presque publique que Bernadette Chirac sortait seule dans la rue pour se rendre à la poste ou ailleurs. Elle me coupe la parole en se redressant : « Aujourd'hui, c'est impossible. La Première dame est toujours accompagnée depuis les attentats et les Gilets jaunes. Quand on croise Madame Macron à vélo, on se salue, on reste sur la réserve et à distance. Mes collègues m'ont raconté qu'avec Madame Chirac, c'était différent, elle demandait des nouvelles, elle venait leur parler. C'était sa maison. » Elle enchaîne comme une explication : « À la CSPR, il faut faire la part des choses. On croise du beau monde. Ce n'est pas le même rapport à la personne que dans le monde militaire. J'ai dû apprendre les codes. On est la première maison de France, il faut être carré. » Ses collègues et elle voient passer toutes les autorités de France et d'ailleurs, ils s'obligent à être très discrets et à ne s'exprimer que s'ils sont questionnés. La politesse est la première obligation.

Je lui demande si elle a une vie à côté. Elle m'avoue avoir rencontré son chéri à l'Élysée. Et qu'ils vivent ensemble dans la caserne à côté de l'hôtel Bristol, à moins de cent mètres du palais. Elle botte en touche quand j'essaye, avec une pointe d'humour, de savoir si l'Élysée est un club de rencontres. Je lui révèle que, lors de mon service militaire, il y a eu des bébés élyséens. Elle sourit. Elle est détendue.

Elle finit tout de même par me confier que les nuits sont longues dans la loge d'honneur. « Pendant le premier confinement, on se voyait encore moins entre collègues car les postes ont été adaptés pour garder nos distances. Virus oblige. On savait que le but était sanitaire. Parfois, on se demandait ce qu'on faisait là à ne rien faire alors que Paris était vide. »

Aujourd'hui, elle se pose beaucoup de questions sur son avenir. Au palais, elle a trouvé une famille avec qui la vie est belle et son travail fait sa fierté. Mais l'envie d'aviation est toujours tapie en elle. Elle aimerait intégrer la Gendarmerie des transports aériens et se spécialiser dans les infractions aéronautiques. En me quittant, toujours souriante et heureuse que cela se termine, elle évoque le pincement au cœur qu'elle aurait si jamais elle répondait à l'appel à volontaires qui vient tout juste de tomber pour son poste idéal.

Son visage se ferme à nouveau. ◆

*“ Aujourd'hui, aspect naturel, vivant
et fouillis. Respect de la vie microbienne…
beaucoup de butineurs.
Cela fait longtemps qu'on ne traite plus.
Il y a des ruches dans le parc…
Les végétaux se marient au paysage.
Maintenant, on joue l'écologie à fond…
Ça sent très bon.*

YANNICK CADET
PASSIONNÉ

Il a fallu que je me rende au fond du parc pour rencontrer Yannick Cadet. Le chant des oiseaux se moquant du brouhaha de la ville m'accompagnait. Le local des jardiniers se situe dans un sous-sol, à côté de la grille que surmonte un coq aux ailes déployées. Yannick a de petits yeux clairs qui s'animent et s'évadent au loin quand il parle. Pas toujours à l'aise pour s'exprimer, il me demande parfois de couper l'enregistrement, la passion qu'il montre le menant trop loin. Son désir de raconter en évitant d'être trop long est manifeste. Car, en plus de trente ans de maison, il a vu dans son jardin l'Histoire en marche.

Yannick a été le premier jardinier titulaire du palais présidentiel. Avant lui, l'entretien du parc était assuré par du personnel extérieur. Le jardin de l'Élysée – un hectare et demi – est plus petit que celui de Matignon, le plus grand jardin privé de Paris avec plus de deux hectares.

Sa ligne de vie commence dans le potager de son enfance chez la nourrice à l'année à qui il était confié. La terre comme mère. Ensuite, c'est un parcours d'excellence dans le monde des arbres et des plantations. Il passe neuf années à construire son savoir-faire dans les jardins du château de Versailles. Le succès à un concours dont il sort major lui permet d'intégrer l'Élysée à vingt-neuf ans, en 1990. « Je suis passé de la monarchie à la République ! »

Yannick est curieux de tout et quand il s'intéresse à quelque chose, il se lance à fond. Il collectionne les bandes dessinées et se déplace au festival d'Angoulême pour « attraper des signatures », ce qu'il me raconte avec un sérieux teinté d'humour.

Mais son amour premier, c'est la terre. « Quand je suis arrivé à l'Élysée, j'étais fier d'être le premier jardinier de la première maison de France. Le président actuel est le cinquième que je sers. J'ai une chance inestimable. » Il s'interrompt pour saluer un stagiaire handicapé qui passe derrière nous. Yannick l'appelle « le petit jeune », et il ajoute : « J'ai longtemps été le plus jeune. »

Il est intarissable sur « son » jardin. « Aujourd'hui, aspect naturel, vivant et fouillis. Respect de la vie microbienne des sols. Mais cela n'a pas toujours été ainsi. Tout a commencé en 1992 avec Mitterrand qui s'ennuyait dans le jardin et qui a alors demandé à Jacques Wirth, grand paysagiste belge, de repenser le parc. À l'époque, beaucoup d'arbres étaient taillés très court pour des raisons de sécurité. C'était un jardin régulier, strict et aseptisé. Le chantier a duré six mois avec une noria de camions, on est passé, par exemple, de trois bassins à un seul dans lequel

on peut voir se refléter le palais et le drapeau. Comme à Versailles avec le bassin du char d'Apollon, on voit se mirer le château à trois kilomètres de distance. Quand Madame Chirac est arrivée à l'Élysée, elle a repris en main le jardin et a lancé un grand plan d'embellissement floral en 1996 avec le célèbre paysagiste français Louis Benech. Quarante mille bulbes ont été plantés pour donner de la couleur.

» J'ai entrepris un mémoire sur ce jardin ! » déclare-t-il avec un sourire au coin des lèvres quand je m'étonne, admiratif, de la profondeur de ses connaissances. Gageons qu'il sera complet, précis et poétique !

Les locataires de l'Élysée étaient-ils aussi passionnés que vous ? « Sous l'Ancien Régime, la duchesse de Bourbon a tout transformé en plantant notamment un platane qui fait un coude, un qui se dédouble et un autre qui a un pied d'éléphant. En 1913, Madame Poincaré a créé la roseraie qui, depuis 2007, accueille un pin du Japon en son centre. Madame Chirac s'est beaucoup investie pour la beauté du jardin. Madame Macron m'a dit un jour préférer l'ambiance de Giverny avec ses fleurs champêtres et ses plantations de camaïeux. M. Hollande nous a fait créer un potager qui n'a duré que le temps de son quinquennat. Il donnait des tomates. Quant à M. Sarkozy, rien. Il courait dans le parc, on le voyait passer.

» Il y a une chose que j'ai bien aimée sous M. Hollande. En 2014, on a ouvert le jardin au public tous les premiers dimanches du mois. Cela avait un côté bucolique, les gens étaient contents. Mais en 2015, tout a été interrompu à cause des attentats. »

Il est content parce qu'il y a « beaucoup de butineurs. Il y a des ruches dans le parc. On ne traite plus depuis longtemps. Les végétaux se marient au paysage. Maintenant, on joue l'écologie à fond. Respirez-moi ça, ça sent très bon ».

Quand je l'interroge sur son plus grand souvenir, il n'évoque plus son métier, mais la soirée du 12 juillet 1998 : « Je ne suis pas footeux, mais j'ai encore des frissons quand je parle de la finale de la Coupe du monde. Le président Chirac est venu nous serrer la main après le match. Mon épouse était avec moi. » Son fils s'est fait prendre en photo faisant le signe de la victoire avec la statuette dans ses bras quand les joueurs sont venus célébrer leur titre au palais. Quelques jours après notre rencontre, j'ai reçu un mail de sa part. Il revenait sur sa réponse en déclarant que le moment le plus marquant pour lui a été la remise devant ses proches de la médaille de chevalier du Mérite agricole par le président Hollande dans la salle des fêtes de l'Élysée le 4 mai 2017.

Cet homme préfère mettre en avant la joie des siens et de ceux qui l'entourent plutôt que son ego décoré. J'ai hâte de lire son mémoire. ◆

« En 2014, on a ouvert le jardin au public tous les premiers dimanches du mois. Cela avait un côté bucolique, les gens étaient contents.

JEAN-MARC ROURE
SERVIR

Le matin de mon rendez-vous avec l'huissier du président, les gendarmes préposés aux entrées me font attendre dans la petite cour ouest. J'ai un peu d'avance, je patiente sous la pluie. Traversant la cour sans se soucier des gouttes, un grand type aux larges épaules entre deux âges, le crâne dégarni et rasé de frais, s'approche de moi. Il est en frac, une sorte de smoking à queue de pie. Sa veste est attachée par une chaîne fermée par un sautoir, sans doute en argent. Il hèle un civil qui passe derrière moi. Sans avoir à tendre l'oreille, je remarque leur complicité dans leurs paroles et dans leurs gestes. J'apprendrai par la suite qu'ils sont entrés au palais à la même époque (voir portrait de Luigi Ottavi, p. 104). Des jumeaux professionnels, en quelque sorte.

Puis l'homme en frac se présente et m'invite à le suivre dans un des salons de réception du rez-de-chaussée.

Installé face à Jean-Marc Roure, je perçois la bonhomie de cet homme au regard franc qui, tout en me relatant son parcours, observe mon attitude et mes réactions.

Jean-Marc Roure est entré à l'Élysée en tant que gendarme de la Garde républicaine en 1987 : « J'arrivais de mon petit village de 1 300 âmes en Charente-Maritime. J'avais 23 ans, mon premier poste après un stage dans une petite gendarmerie était dans la première maison de France. Pour moi, l'Élysée c'était impensable, mon père était agriculteur, nous étions des Français ordinaires. Rien ne me prédisposait à venir ici. Ma famille était fière. Et je crois qu'elle l'est toujours... »

Les trois premières années, Jean-Marc garde les grilles du fond du parc et participe aux missions d'honneur lors de la présence d'« autorités », terme en usage pour désigner les chefs de gouvernement qui rendent visite au président.

Puis il intègre la CSPR pour gérer les entrées du palais avant de rejoindre en 1998 la sécurité rapprochée et la sécurité interne du palais. « Nous étions sept gendarmes à ne nous occuper que du président Chirac quand il était dans les murs. En 2002, j'ai eu envie de faire autre chose, alors j'ai demandé ma mutation en ambassade. Avec ma femme et mes deux filles, nous sommes partis à l'ambassade de France à Moscou. » À son retour trois ans plus tard et pour les dix années suivantes, il récupère son poste une fois passés les tests physiques. « Ensuite, en 2016, j'ai

“ Il y a des similitudes entre ces différentes fonctions : la connaissance des lieux, des us et coutumes de chacun, la tranquillité du “PR”… Notre travail est très intuitif. Nous vivons le lieu.

souhaité changer de mission. J'ai profité d'une offre pour devenir un des quatre huissiers du président. Il y a des similitudes entre ces différentes fonctions : la connaissance des lieux, des us et coutumes de chacun, la tranquillité du “PR” à assurer. Notre travail est très intuitif. Nous vivons le lieu. » Un bruit se fait entendre dans le salon voisin, il sait que ce n'est qu'une ronde : « On reconnaît le pas. »

Pendant quatre mois, il apprend à prendre la parole en public, à faire attention aux détails comme la disposition des drapeaux, des chaises, à veiller à passer devant le président sans l'éclipser. Ou encore : « C'est à l'huissier du président de mettre en place l'épingle sur la veste du récipiendaire d'une décoration pour que le “PR” n'ait plus qu'à l'accrocher. C'est à lui aussi de vérifier que les micros fonctionnent. » Avec l'aide de camp (voir portrait de Vincent Minguet, p. 85), ils sont les deux derniers à s'assurer que tout a été bien préparé afin que le président ne connaisse pas un problème matériel.

« Tous les matins à 7 h 30, je récupère l'agenda du président. Je suis le deuxième à le voir après son assistante. Je travaille toujours en binôme avec un autre huissier. Il y en a un en amont qui organise pendant que l'autre accompagne le “PR” en portant tout, même ses téléphones. Tant qu'il n'est pas couché, le job continue. Parfois, je dors à l'Élysée plutôt qu'à la caserne. Nous sommes d'active pendant trois jours d'affilée. Et c'est le même rituel depuis René Coty ! »

Le président ne s'aventure jamais seul dans le palais, il est toujours escorté par un huissier et par un officier de sécurité qu'on appelle

l'« épaule » (voir portrait de Mike, p. 159). « Nous devons préserver le calme autour de lui en toutes circonstances. » Jean-Marc me répète à plusieurs reprises qu'il doit être au diapason du président. En le soulageant de tout, il lui permet de rester concentré sur de plus hautes préoccupations. Une autre façon de servir.

» Je me souviens qu'un jour, une personne avait déposé un stylo sur la table du salon vert au premier étage. Le stylo était destiné à l'autorité qu'elle servait. Cela nous a inquiétés. Je l'ai démonté pour vérifier qu'il ne contenait pas un micro ou une mini-caméra. Il n'y avait rien, c'était simplement une attention pour l'autorité. Nous étions rassurés, cela ne coûtait rien de vérifier.

» J'ai vécu deux moments de liesse identiques avec deux présidents d'origine et de culture différentes. En 1998 et en 2018, les victoires de la Coupe du monde de football. Dans ces cas, l'allégresse casse les protocoles. Avec MM. Chirac et Macron, cela a été plus facile à gérer que si cela avait été avec M. Mitterrand. Ils étaient aussi heureux que les invités ! »

Toujours de sa voix claire et précise, Jean-Marc s'épanche quand il évoque Sœur Emmanuelle et l'abbé Pierre qui ont été décorés à l'Élysée. « J'ai été très ému par ces deux moments, notamment quand je poussais le fauteuil roulant de l'abbé Pierre. J'ai eu le privilège de causer avec lui et Sœur Emmanuelle m'a regardé longuement dans les yeux avec une vraie tendresse. »

Jean-Marc me rappelle les règles essentielles de sa fonction issues des *Entretiens de Confucius* : « Les trois singes, le premier se couvre les yeux, le deuxième la bouche, le troisième les oreilles. Ne pas regarder, ne pas écouter, ne pas rapporter, et rester discret en tout. » Toute l'attitude de Jean-Marc se retrouve dans sa perception de cette philosophie chinoise.

« Je partirai à la retraite le 13 octobre 2023, je serai heureux, parce que ma vie aura été de servir autant l'armée que le chef de l'État. »

Jean-Marc expose avec clarté sa mission auprès des présidents. En creux, il livre son humanité. Je l'ai laissé dérouler son discours. Il respire la franchise et la droiture, il s'est adapté à mes relances, à mes questions sans se départir de la noblesse de son attitude. J'ai rencontré un être généreux. ◆

“Les trois singes, le premier se couvre les yeux,
le deuxième la bouche, le troisième les oreilles.
Ne pas regarder, ne pas écouter et rester discret en tout.

“ Ce n’est pas donné à tout le monde ; ce n’est pas qu’un lieu, peu importe le président, on œuvre pour la France !

MARIANNE FUSEAU
ÉMERVEILLÉE

En arrivant dans l'atelier de Marianne Fuseau au premier sous-sol du palais de l'Élysée, je la trouve en train d'aider un tout jeune apprenti à s'installer : « Tu peux enlever ta veste pour ne pas la salir, ensuite, va dans la pièce à côté. » Puis elle se tourne vers moi : « Quand avez-vous fait votre service militaire à l'Élysée ? » me demande-t-elle après un bonjour généreux. Ma présence passée dans ce lieu a été éventée. « Eh bien, nous avons dû nous croiser ! » Nous nous asseyons sans le moindre formalisme comme deux vieux camarades. Son bureau est un lieu de passage qui comprend deux salles en enfilade. Nous devons parfois nous lever pour laisser passer des poubelles ou des gens s'excusant de nous déranger.

Elle débarque à l'Élysée en 1992. Elle me dit sa fierté avec toujours des lumières dans les yeux. « Le premier jour était intimidant, je ne savais pas où regarder tellement c'est beau. » Son entourage est impressionné. « Ce n'est pas donné à tout le monde ; ce n'est pas qu'un lieu, peu importe le président, on œuvre pour la France ! » Pendant quatre ans, elle travaille en indépendante, puis, en 1996, on lui propose un statut de salariée. En 2007, elle est promue responsable des fleurs. Aujourd'hui, elle fait partie des rares employés en CDI. Elle dirige une équipe de deux personnes et un stagiaire. Sa mission est de décorer les lieux de réception ainsi que les tables. Plus que fleuriste, elle est bouquetière.

Les fleurs proviennent de Rungis où elle se rend les mardis et les jeudis. Elle ne veut que le meilleur « parce que la qualité, c'est toujours plus beau et ça tient toujours plus longtemps ». Marianne est très stricte sur le gâchis. Elle me rappelle à plusieurs reprises que les fleurs peuvent être réutilisées jusqu'à cinq fois : dans de grands vases avec leur tige pour aboutir à une simple fleur flottante pour agrémenter une table.

L'entretien est décousu car nous devons nous adapter au va-et-vient qui nous entoure. Près du téléphone, j'aperçois un en-tête sur une feuille vierge : « Élysée éco-responsable ». Elle m'explique que c'est « un label écologique développé pour que les gens du palais s'impliquent davantage ». Elle enchaîne en passant du coq à l'âne : « On est tout le temps en train d'évoluer, comme à Rungis, les fleurs se diversifient, et comme on décore toujours le même lieu, on regarde les nouvelles tendances, on en apprend toujours. » Je constate qu'elle change de sujet malgré l'actualité des préoccupations environnementales. Elle semble attachée à faire des

économies sans évoquer les moyens d'en faire davantage. Sans doute répugne-t-elle à me parler d'argent.

Quand je lui pose une question sur les fleurs du jardin, elle me rabroue gentiment en me disant que c'est le terrain des jardiniers (voir portrait de Yannick Cadet, p. 21). Alors je l'interroge sur les détails de sa mission. Elle ne dispose pas de fleurs dans les appartements privés ni dans les bureaux du président ou de ses conseillers. Elle se borne aux espaces de réception. Pourtant, elle me lâche quand même que « Madame Chirac aimait les orchidées, elle en voulait autour d'elle. Alors, je lui préparais ça… ». Son regard se fait lointain. Comme si elle revivait des moments avec l'ancienne Première dame.

Elle me confie être soucieuse au point de se débrouiller pour savoir lors des passations entre deux présidences si le nouveau locataire du palais ou son épouse sont allergiques à certaines fleurs. « Un lys sent fort, c'est capiteux, alors que certaines roses sont presque inodores. »

C'est à partir du second mandat de Jacques Chirac que l'engouement pour la fleur aux couleurs vives est passé. « Les fleurs, c'est comme la mode. Aujourd'hui c'est plus épuré. » Ça tombe bien, Marianne préfère le pastel.

D'ailleurs, c'est dans ce même mouvement de mode que le contenant a changé. Avant, les vases étaient « du Sèvres, très chargés en décoration ». Depuis, ils sont très simples avec un design presque neutre, voire transparent. « Et j'ai rangé les Sèvres juste au-dessus de votre tête ! C'est devenu mon décor ! » Ils sont presque entassés, je m'aperçois que je peux à tout instant prendre quelques kilos sur le coin de la figure. Je me décale, elle sourit. De nos jours, avec un souci minimaliste pour un maximum d'effet, les fleuristes utilisent plus d'artefacts de décoration pour composer des bouquets. Le résultat est garanti : avec moins de fleurs, ils arrivent à obtenir plus de volume.

Elle me confie en baissant la tête, jusque-là dressée, avoir un bouquet signature : « Le bouquet romantique : très fluide, très vaporeux, très aérien, rose. Il faut qu'il soit beau et élégant, qu'il épouse le décor. » Je vois dans ses yeux le bouquet. Puis elle se reprend, pratique : « Les pastels s'accordent avec le cadre de la représentation. Ils sont présents sans être envahissants. Et ils se marient toujours avec les assiettes et les nappes. »

Marianne et son équipe représentent aussi la France en dehors du palais. En 2000, elle a créé une tour Eiffel avec des œillets et des chrysanthèmes pour le Festival canadien des tulipes. « C'était une exhibition des savoir-faire des fleuristes des chefs d'État de tous les pays. » Elle voulait un double symbole : une image prestigieuse de la France et une composition qui tienne plus longtemps que les autres...

Elle a préparé une liste d'anecdotes, dont la commémoration du Débarquement à Bénouville en 2014 et le G7 à Biarritz en 2017. Je ne l'arrête plus, elle déroule toutes les manifestations où elle a « fait honneur à la France ». Elle raconte, elle décortique, elle révèle des instants d'importance pour la France – et pour elle. Elle est en confiance, elle m'offre ses émotions.

Elle conclut en évoquant sa joie d'avoir, lors des Journées du patrimoine en 2017, créé un atelier pratique pour que les Français qui s'y étaient inscrits puissent réaliser des compositions florales dignes de la République française. « On a une chance inouïe de travailler ici, il faut la partager. »

Avant de la quitter, je lui demande ce qui l'a le plus marquée. Sans hésitation, elle me lance : « Obama. Je l'ai vu comme je vous vois, sans plus de distance ; il était impressionnant, et quel regard ! » Ses yeux en brillent encore. Comme une gamine. ◆

CÉCILE DELLA ROSSA
DÉVOUÉE

Cécile Della Rossa m'a donné rendez-vous rue de l'Élysée. Au 14 de cette voie protégée longeant le palais se cache un hôtel particulier de très belle facture qui héberge trois services essentiels pour le bon fonctionnement de l'institution : la crèche, les aides de camp et les transmetteurs. Je la rejoins à l'étage.

L'équipe d'assistants des aides de camp compte un homme et deux femmes, dont Cécile. Ils secondent en tout les trois aides de camp (voir portrait de Vincent Minguet, p. 85) du président de la République. Quand le chef de l'État fait une intervention à l'extérieur, elle fait partie de ceux qui sont chargés de mettre en place la logistique du président et de ses accompagnateurs. « On organise un déplacement par jour, cela va de l'hommage à Jean d'Ormesson aux Invalides à quelques centaines de mètres d'ici à des déplacements dans n'importe quel pays. Tout ce qui est propre au président, comme son discours, les drapeaux, son pupitre, etc., nous l'apportons. Lors de la réunion préparatoire, l'aide de camp lui explique le dispositif. La place du président est toujours *stickée* en bleu, blanc, rouge. Nous devons penser à tous les détails et anticiper toutes les situations. »

Fille d'un père militaire, cette grande femme à la coupe de cheveux réglementaire voulait entrer dans l'armée dès son plus jeune âge. Cela fait vingt ans qu'elle y progresse. Tous les trois ans, elle change de poste et de lieu. Avant la présidence, elle s'occupait des relations publiques à la base aérienne de Cognac. Elle gérait aussi le secrétariat particulier du chef de corps.

Ses premiers jours à l'Élysée sont « violents » parce que « je suis militaire, et qu'il ne faut pas être trop militaire ». Elle a dû changer sa manière de voir les choses et son rythme pour s'adapter à l'urgence constante du palais. Elle ajoute : « Pendant quatre mois, je n'ai pas vu mes enfants. » Elle a mis un moment à trouver son rythme. Aujourd'hui, elle assure que, même si elle est « opérationnelle jour et nuit », elle arrive à avoir « une vie de maman ».

Elle se montre quelque peu fermée à mes questions. Elle craint sans doute que je ne travestisse ses propos, j'essaye de la rassurer en mentionnant que nous avons vécu des expériences comparables, mais elle me rappelle que je ne suis pas une femme. Et elle s'explique : « En tant que

femme, il y a des choses qui peuvent être plus difficiles. Par exemple, ce petit logo "Présidence de la République" sur la veste peut laisser croire à certains qu'ils ont du pouvoir. Alors qu'en fait, ils ne font que servir le "PR". C'est une question d'éducation. Alors je préfère être en tenue. L'uniforme peut changer un regard, susciter le respect, surtout quand on est une femme. Pas besoin de logo. » Puis devant mon air interrogatif : « Nous, à l'Élysée, on a la belle vie par rapport à d'autres, on ne devrait pas jouer une autre partition. » Et puis elle ajoute sans faire de lien avec ce qui précède : « En plus, on a la chance que Madame Macron nous représente, nous, les femmes militaires. » En creux, je devine que Cécile évoque le travail qu'il reste à accomplir dans l'armée pour que la femme y ait toute sa place, et peu importe le logo à la boutonnière.

Sa tâche d'assistance aux aides de camp du président suppose un travail de l'ombre minutieux. Elle ne voit le président qu'en de rares occasions, elle prépare le terrain lors de « missions préparatoires » et s'assure que tout soit prêt. Elle me parle de ce triste 4 août 2020 quand une explosion a éventré Beyrouth. Le président a décidé de s'y rendre en moins de vingt-quatre heures. « D'habitude, on a le temps de préparer les déplacements, là, il fallait tout faire dans l'urgence, sans gestion en amont et à distance. Préparer les vols pour la délégation et les vivres qu'on faisait partir de France. Nous n'avons pas beaucoup dormi mais nous avons servi. » Émue par ce souvenir, elle lâche : « C'est un peu frustrant de ne pas faire le voyage, mais on comprend. » Elle semble tiraillée entre un besoin de reconnaissance et le sens du devoir.

Cécile est dévouée à sa « mission ». Elle n'aime pas qu'on utilise le mot travail. C'est une militaire. Elle se définit plus comme « guerrière » que comme assistante. Elle me demande d'ailleurs si elle pourra lire dans son portrait sa devise « Force et honneur ». Cette devise, issue des légions romaines dont le rappeur Lacrim a fait un tube, m'a été citée à plusieurs reprises par les militaires de l'Élysée. Dans la voix de Cécile, elle semble être la matrice de son existence, avec sa clarté et ses certitudes.

Sans que je rebondisse sur son propos, elle ajoute : « On est à l'image de notre chef. » Je l'invite à préciser : « Vous parlez des aides de camp ? » La réponse claque : « Quand je parle de mon chef, je parle de M. Macron. »

En toute fin d'interview, elle me parle de « M. Trump ». C'était en Normandie, elle le décrit comme un animal brut, un ours mal léché, et commente en quelques mots son charisme et son attitude : « Il est physique. Il n'a pas été sympa, il a mis un vent à tout le monde. » Elle rigole. « Mais j'ai une magnifique photo volée de lui. L'assistante, vous ne la voyez pas, mais elle est toujours aux premières loges de tout. » Je sens qu'elle frime un peu. Elle a bien raison. Je ferais sans doute la même chose si j'étais dans sa position.

En descendant l'escalier, elle me confie ce qui lui pèse, comme un prolongement de certains de ses propos : « Bientôt, je quitterai l'armée. Je n'ai pas envie d'être adjudant-chef derrière un bureau. J'ai encore la niaque et puis... je n'aime pas que mon dernier enfant associe militaire à absence. »

Je comprends alors la portée sacrificielle de sa devise « Force et honneur ». ◆

“ D'habitude, on a le temps de préparer les déplacements, là, il fallait tout faire dans l'urgence, sans gestion en amont et à distance. Préparer les vols pour la délégation et les vivres qu'on faisait partir de France. Nous n'avons pas beaucoup dormi mais nous avons servi.

THIBAULT CAIZERGUES
ENGAGÉ

Lors de rendez-vous précédents au palais, on m'avait fait patienter dans le bureau de Thibault Caizergues. J'avais remarqué les amoncellements de dessins, d'idées de mises en scène de la marque Élysée. Tenaillé par la curiosité, j'ai demandé à le rencontrer.

Thibault est originaire de Camargue. Il est graphiste de formation après une école à Aix puis à Paris. Après deux ans en agence à New York, il travaille en indépendant dans la capitale où il conçoit pour la Ville de Paris le projet « My start-up in Paris ». La politique l'intéresse, alors il accepte l'offre de Pierre-Olivier Costa (aujourd'hui directeur du cabinet de Brigitte Macron) de rejoindre les équipes d'Anne Hidalgo à la mairie. « Je voulais faire de la politique de la ville… mais, en réalité, je n'en ai jamais fait. » En janvier 2017, il s'engage officiellement dans la campagne d'Emmanuel Macron après quelques mois de militantisme bénévole. Il me décrit ce moment comme « un moment de pure folie avec un collectif génial et enthousiaste ». Nulle naïveté ni ironie dans sa ferveur.

Il fait partie de ceux qui sont passés de la campagne au palais. « C'est Ismaël Emelien, ancien conseiller spécial du président, qui m'a amené à l'Élysée pour imaginer les codes graphiques de la présidence et de nouveaux événements pendant la présidence. » Je lui demande en souriant si le rythme vitaminé d'une campagne et l'aspect administratif d'une telle maison ne l'ont pas perturbé : « Oui… ici, il faut respecter le dogme de la note et du circuit hiérarchique. On nous a appris à pratiquer par l'écriture de notes. Nous ne pouvons plus lui parler directement, comme durant la campagne. Il doit pouvoir réfléchir à tête reposée, tout remonte à lui via des filtres.

» J'ai connu mon premier jour à l'Élysée dès le soir de la passation. Je me suis retrouvé sur-le-champ dans ce décor que je ne connaissais que par l'image que j'avais vue si souvent. Il n'y avait pas de guide pour comprendre les lieux à l'époque, ni de wi-fi, et il a fallu que je me batte pour avoir un Mac… Il n'y avait pas de directeur artistique avant moi. Le président m'a dit qu'il voulait que ce que je crée soit punchy et que cela parle aux gens. Il souhaite parler le même langage qu'eux, là où ils se trouvent. »

On doit à Thibault le titre du sommet *Choose France* « pour que les investisseurs internationaux comprennent tout de suite ». Dans la même veine, il a imaginé l'opération « Fabriqué en France » « pour casser l'image que le "PR" serait le promoteur de la seule *Start-up Nation*. Nous voulions surtout valoriser les entreprises de l'Hexagone qui réalisent le plus d'effort pour faire perdurer l'excellence à la française, comme cette verrerie qui date de 1470 ».

Il est aussi à l'origine de la Fête de la musique dans la cour du palais « pour répondre au souhait du "PR" d'ouvrir au maximum l'Élysée et montrer que les choses évoluent ». L'Élysée devient un lieu d'exposition pour le public. Il en est fier.

Thibault est entouré de prototypes de produits de la e-boutique. « Le "PR" et son épouse ont voulu répondre aux demandes de *goodies* tout en trouvant un moyen de contribuer avec du "Fabriqué en France" aux coûts de la rénovation du palais. Aujourd'hui c'est un succès, nous sommes à deux cent vingt mille euros de royalties sur les deux premières années d'exploitation. Les best-sellers de la boutique sont les boules de pétanque Obut siglées et la montre Bleu-Blanc-Rouge que porte le président. » Thibault ne perd pas sa verve militante : « L'Élysée est plus connectée au réel qu'auparavant. Je suis passé du politique au "Fabriqué en France". À l'Élysée, nous devons en permanence être des capteurs de l'air du temps. »

Thibault a la sagesse et le talent de ne pas essayer de transformer le lieu sans prendre en compte le lieu. Au contraire, il s'efforce de donner une nouvelle perspective à ce palais du XVIIIe siècle sans en dénaturer l'identité. Il préférera toujours produire et faire aux longs discours. Il ne le sait sans doute pas, mais j'ai souvent entendu ici les mêmes paroles. Je n'ai pas rencontré une personne qui ne voulait pas « faire ».

Avant de le quitter, je lui demande ce qu'il gardera de ce quinquennat. « De ce premier quinquennat », me reprend-il. Il réagit avec une étonnante émotion : « Le décès de Jacques Chirac. Une atmosphère très particulière régnait dans le palais. La famille voulait éditer un recueil de textes de Jacques Chirac. Un samedi matin, à la demande du "PR", je me suis retrouvé dans ce bureau avec Frédéric Salat-Baroux, le gendre de l'ancien président qui fut aussi secrétaire général de l'Élysée, à mettre en page ce livret qui a été distribué aux Français. » Il n'en dit pas plus, il revit le moment avec intensité… Le militant s'est effacé devant l'Histoire. ◆

ISHWAR-ARNOLD ROCKE
CURIEUX

Dans son bureau, Ishwar-Arnold me propose un siège à côté d'une console sur laquelle trônent des Schtroumpfs, des figurines de *Star Wars* et d'autres bibelots comme une tortue rose « sculptée par ma femme » qui ont transformé la petite table en cabinet de curiosités. Au mur, des photos de l'ambassade de France en Corée du Sud, conçue par un disciple local de Le Corbusier. La décoration de son bureau, me dit-il, a pour but de « susciter la curiosité et de créer un équilibre entre la forme et le fond », entre le cadre de son travail et son travail lui-même.

Son bureau donne sur la cour d'honneur, ce qui en fait un lieu très convoité ; alors que j'admire la vue, il me confie que « les gens ici ne se croisent pas souvent. De là, je vois ce qui se passe. Les charmes du palais ».

Ishwar-Arnold est entré à l'Élysée par hasard. Fonctionnaire au ministère des Affaires étrangères en disponibilité, il intègre le palais en mars 2018 après trois événements majeurs : son mariage en 2014, son passage à l'ambassade de Corée du Sud et son année de « volontariat humanitaire avec ma femme aux Philippines pour l'association Enfants du Mékong. J'étais coordinateur de programme de parrainages ».

Juste avant de rejoindre l'Élysée, il était au « protocole du Quai à la sous-direction du cérémonial, en charge de la coordination des voyages des hautes personnalités étrangères en France ». Cela ne s'invente pas ! C'est par ce biais qu'il découvre de façon indirecte le protocole à l'Élysée. Il s'en amuse : « Le protocole, ce n'est pas seulement savoir monter une pyramide de Ferrero Rocher, c'est aussi savoir disserter sur les Ferrero Rocher ! »

En arrivant à la présidence, il a d'abord été « impressionné par un lieu que je ne connaissais que par la télévision ». Presque intimidé, il mesure sa chance d'être dans les murs d'« Évreux ». « Mais les six premiers mois, j'ai été victime du syndrome de l'imposteur. Cela prend du temps de se faire confiance. »

Et puis ses réflexes d'ancien étudiant en histoire de l'art prennent le dessus. Il continue aujourd'hui de lever les yeux et de regarder partout dès qu'il a un moment. « Le plus bel endroit est le salon Murat avec sa peinture murale de la colonne Trajane à Rome. »

Son métier est chargé du protocole, il doit « réaliser les occurrences internationales du président. Telle une courroie de transmission. Je

“ Le protocole, ce n’est pas savoir monter une pyramide de Ferrero Rocher, c’est aussi savoir disserter sur les Ferrero Rocher !

suis comme un GO du Club Med, un metteur en scène du cérémonial, au minutage près. J’aime écrire les didascalies des voyages, comme une clé de voûte ».

Ishwar-Arnold est à la fois très sérieux dans son propos et badin, en glissant çà et là une blague, un bon mot, comme pour donner une image de lui moins protocolaire que son poste ne le suppose.

Je l’invite à me livrer ses meilleurs souvenirs depuis son arrivée au palais. « J’en ai trois. Mon premier est un déplacement à Washington, je venais à peine d’arriver. Rencontrer le président des États-Unis, fouler le sol de la Maison-Blanche, assister à une séance du Congrès au Capitole… J’ai commencé par le Panthéon des visites pour un agent du protocole !

» Le deuxième est le voyage en Israël où le “PR” a pris des bains de foule pendant sept heures ! Et tout a été décidé au dernier moment, dans l’avion ! L’ordre du jour change tout le temps et il faut s’adapter. J’ai connu là quelque chose de magique avec toute la charge historique que cette visite impliquait. Dans ces cas-là, on ne peut rien organiser, alors on tente d’orienter le flux. Nous connaissions seulement le point d’arrivée : le Saint-Sépulcre.

» Mon troisième souvenir marquant est le dîner du centenaire de la fin de la Grande Guerre au musée d’Orsay, le 10 novembre 2018, avec soixante-dix chefs d’État et de gouvernement. Le défi était d’organiser cette rencontre gastronomique dans un lieu qui n’était pas conçu pour ça. Je reste encore impressionné par la caravane qui sortait des entrailles du palais. »

“Mais les six premiers mois, j’ai été victime du syndrome de l’imposteur. Cela prend du temps de se faire confiance.

Ce sont là des événements prestigieux qui l'ont marqué et qu'il prend plaisir à raconter, cependant sans émotion particulière, et Ishwar-Arnold, tout le temps de notre entretien, reste sur la réserve et prend soin de ne pas se dévoiler.

Où se voit-il en 2030 ? « Dans une ambassade, mais je ne savais pas en 2011 que je serais encore à l'Élysée aujourd'hui. »

Pour conclure, je lui demande comment, avec un métier si soumis aux aléas stressants, il parvient à tenir dans le rythme infernal qu'impose l'Élysée : « Grâce à ma femme, à son soutien et le regard critique qu'elle pose sur ce que je fais. »

Au sein de son cabinet de curiosités sur la console, l'objet le plus important est donc le plus anodin, la tortue rose sculptée par son épouse. ◆

CATHY MULLER
CONSCRITE

Elle est aux premières loges, face à la cour d'honneur dans un micro-bureau dont la surface doit frôler les limites légales. Cathy Muller est une ancienne militaire qui a décidé de rester à l'Élysée comme civile salariée.

Après quinze ans à Toulon dans la marine, Cathy monte à Paris accomplir sa « corvée parisienne » au ministère de la Défense pendant huit ans. C'est une obligation pour les militaires de passer quelques années à Paris. Bien que cela soit toujours considéré comme une contrainte, certains trouvent là leur vocation.

Au ministère de la Défense, elle a servi Michèle Alliot-Marie, Hervé Morin, Alain Juppé et Gérard Longuet avant de rejoindre Matignon faire « un peu de cabinet ». Et puis « j'ai fait agir la "L4139-2", une procédure qui permet aux militaires qui souhaitent se reconvertir d'accéder aux emplois civils ». Le 1er novembre 2019, elle quitte l'uniforme pour une carrière civile. Pourtant, « dans ma tête, je suis toujours militaire. Toujours formatée de la même façon ».

« J'ai été impressionnée, fière et surtout contente d'avoir franchi tous les échelons. » Cathy se ferme après cette déclaration. Il faut que j'aille chercher ses paroles les unes après les autres. Chacune de mes questions est soupesée dans sa tête. Notre entretien ressemble à un combat ; pourquoi cette méfiance ?

Cathy organise les déplacements nationaux du chef de l'État en liaison avec le chef de cabinet et les aides de camp. « Un peu comme un tour-operator », elle gère le transport, l'hébergement et la restauration des équipes. Pour ces questions, elle est la « première administrative après les politiques ».

J'essaye de contourner ses réticences en l'amenant sur le sujet des déplacements. Elle est « très fière de l'organisation du G7 à Biarritz. Cela a été très intense. Le prestige de la France s'est renforcé. Tout a fonctionné ! On a eu droit à des félicitations ! ». Je n'en saurai pas plus. Je lui propose de s'exprimer sur un autre voyage. « Mayotte, La Réunion ? — Si vous voulez… Ces déplacements-expéditions sont toujours compliqués parce que nous maîtrisons moins les choses. Ils sont très difficiles à organiser même après une mission de reconnaissance. C'est loin, les moyens sont différents. Il y a des intervenants extérieurs comme Air France, la SNCF, Accor. Et puis il faut s'appuyer sur les préfectures. Là encore, nous nous en sommes sortis. »

“Dans ma tête, je suis toujours militaire. Toujours formatée de la même façon.

J'insiste une dernière fois pour qu'elle me livre d'autres anecdotes, toujours précieuses pour dresser un portrait. « Le sommet du G8 de 2011 en Normandie a été un enfer. Je venais d'arriver, il y avait beaucoup de va-et-vient à prévoir. Au G7 à Biarritz, on avait barricadé la ville alors qu'en Normandie, il y avait de nombreux sites éparpillés. En plus, les Américains avaient réservé bien avant nous tous les bons hôtels. Il a fallu trouver des solutions et prendre en compte la fatigue des équipes. Ne pas les installer trop loin. Être au plus proche des lieux. » Elle marque une pause. Elle semble se perdre dans ses souvenirs. Elle reprend, ses yeux plantés dans les miens : « On a ramé sur l'hébergement. Vous savez, je suis un peu la maman des équipes. J'aime qu'elles soient bien. Je m'inquiète toujours, et même si mon job s'arrête au moment où l'événement commence, je ne m'éloigne jamais. »

J'attends la suite. « J'ai été formée par l'ancien chef de cabinet qui m'a tout appris. Il m'a enseigné les codes, le plan de table, le protocole, l'organisation logistique. Sur un déplacement, tous les services sont interconnectés et je dois prendre en compte de nombreux facteurs comme la mère d'une grande famille. » Je n'ai pas plus de détails. Toujours cette réticence à se confier.

« Vous avez des enfants ? — Oui, deux grands de 25 et 19 ans. Mon ex-mari était également militaire. Je n'aurais pas fait l'Élysée avec des enfants en bas âge parce que mon rythme est lié à l'agenda du "PR". » Évoquer sa famille ne la détend toujours pas et elle change de sujet : « Il m'arrive de prendre en charge Madame sur certains voyages parce que je connais ses conditions de déplacement. — Et j'imagine que là aussi tout se passe bien ? » dis-je avec un sourire. « Oui, comme toujours », me répond-elle avec le plus grand sérieux.

À la dernière question que je lui pose, elle me répond que lorsqu'elle quittera l'Élysée, elle souhaiterait « se retrouver dans une préfecture, dans le Var idéalement, ou au ministère de l'Intérieur ».

Je la quitte, avec le regret qu'elle ne m'ait pas livré plus d'elle-même. Voire d'être passé à côté de quelqu'un. ◆

PATRICK BRASSART
TONTON

Pour monter chez l'argentier avec qui j'ai rendez-vous, il faut passer devant l'intendance qui a bien évolué depuis l'époque de mon service militaire. Je suis impatient de retrouver Patrick, je me souviens de lui ; en plus de vingt ans, il a dû changer.

Arrivé devant l'intendance, je le reconnais. Il est en grande conversation avec le nouveau chef, Fabrice Desvignes, qui lui remet la liste des plats du jour arrêtés par le président. Je me présente et nous montons à l'étage. Il a gardé son visage faussement patibulaire, je l'ai toujours associé aux sympathiques voyous des *Tontons flingueurs*.

Patrick Brassart entre au palais en 1976. C'est l'un des plus anciens. Il arrive à l'Élysée via le service militaire après être passé par l'école hôtelière Ferrandi pour apprendre le métier. Il se marre : « À l'époque, j'ai dû choisir entre l'île de la Réunion et l'Élysée. Je ne voulais pas quitter papa-maman. C'est grâce au journal de mon école que j'ai eu ces deux opportunités. Et je ne suis pas le plus ancien ici ! Il y a des assiettes de 1875 ! On n'utilise plus les assiettes Napoléon parce qu'il y a la couronne impériale dessus. Ça ferait désordre, on jaserait.

» Je suis arrivé en tenue militaire, on m'a renvoyé chez moi me changer. J'étais là depuis à peine une demi-heure qu'on m'expédie dans les appartements privés du président. Cela devait être un bizutage, je suis tombé sur Giscard. Je ne savais pas quoi faire, et heureusement il s'est intéressé à moi en me posant des questions. J'étais alors jeune maître d'hôtel, ça reste marqué, ce genre de première journée. »

Vingt ans plus tard, il accède au rang d'argentier, responsable d'une équipe de six personnes. Le métier d'argentier ne se limite pas à l'argenterie. Il est le garant de l'art de la table à la française. « Nous bénéficions d'un prêt d'assiettes, de verres et autres plats de la manufacture de Sèvres, j'en ai la responsabilité. Nous les bichonnons et les lavons à la main. » Patrick commente les polémiques qui ont pu être développées dans la presse sur les coûts exorbitants des services de l'Élysée : « Si les journalistes faisaient leur travail, ils apprendraient que nous ne possédons rien, ce sont des prêts. » En 2018, un papier est paru dans *Le Canard enchaîné* pointant du doigt le montant de cinquante mille euros dépensé par la présidence pour un nouveau service. En fait, ce budget correspondait à la rémunération des artistes qui ont décoré la vaisselle et non pour la vaisselle elle-même à la charge de la manufacture. Que

“C'est devenu un enjeu international pour Madame Chirac. Elle nous a donné les consignes : « Il faut que ça pète », avait-elle dit. Il fallait que nous fassions mieux que les Anglais. Le hic était que cela devait se passer à la résidence de l'ambassadeur de France à Londres. Nous avons tout fait venir de France.

la facture n'ait pas été adressée à l'Élysée, ce dont s'étonnait *Le Canard*, est donc normal.

Ses équipes et lui installent « le bois », l'ossature de la table dressée pour le président. Ensuite les lingères posent ce qu'il faut de molleton et de nappe aux couleurs choisies par Patrick. Les argentiers finissent le travail en plaçant la vaisselle. Les jours de beau temps, ils préparent deux tables, une à l'intérieur et une à l'extérieur, au cas où le président proposerait à ses invités de déjeuner dehors. Les équipes de Patrick doivent tout anticiper.

Les repas sont un enjeu pour le prestige de la France. Il faut savoir recevoir, et souvent prendre le temps de le démontrer. Le nombre de plats est un symbole de notre gastronomie. « Sous le général de Gaulle, il y avait sept assiettes, voire neuf pour les grands dîners : un consommé, une petite entrée, une seconde entrée, un poisson, une viande, une salade, un fromage, un entremets et un dessert… tout servi au plat. Sous Giscard, il y en avait moins, il voulait simplifier les menus pantagruéliques, les repas n'avaient que cinq assiettes, puis avec Mitterrand et les suivants, il y a eu à nouveau sept plats. » Même la façon de servir est un symbole : « Tous les présidents sauf Sarkozy étaient servis au plat, Sarkozy voulait que ça aille plus vite, il demandait un service à l'assiette. Il n'avait pas la même considération pour la gastronomie que ses prédécesseurs. Hollande a remis en place les anciennes habitudes. Aujourd'hui, seuls l'entrée et le dessert sont servis à l'assiette. C'est un service en même temps ! » Malgré son désintérêt pour la gastronomie, Nicolas Sarkozy avait-il de la considération pour les gens qui le servaient ? « Les contacts étaient aussi inexistants qu'avec le président Mitterrand, me répond-il. Il était froid. »

Tous les présidents ont chacun à leur manière soigné la diplomatie de l'assiette. Mais c'est une femme qui a poussé cet art à son paroxysme : Bernadette Chirac. Pendant son septennat, Jacques Chirac a dû rendre un dîner à la reine Élisabeth qui venait d'inviter le couple présidentiel à sa table dans son château de Buckingham. « C'est devenu un enjeu international pour Madame Chirac. Elle nous a donné les consignes : "Il faut que ça pète." Il fallait que nous fassions mieux que les Anglais. Le hic était que cela devait se passer à la résidence de l'ambassadeur de France à Londres. Nous avons tout fait venir de France. » Patrick s'amuse encore de son envahissement de la perfide Albion par deux camions militaires kaki dans lesquels était entassé tout l'art de la table à la française. Les pans de la tente installée dans le jardin ont été tendus de tapisseries, des lustres ont été installés. « On se serait cru dans la salle des fêtes du palais ! Madame Chirac a reçu les félicitations de la reine. Encore aujourd'hui les participants s'en souviennent ! » Patrick me raconte d'autres déplacements, comme celui du G7 à Biarritz où il a voulu faire une surprise à Emmanuel Macron. Il me rapporte un dialogue avec le président : « "Vous nous avez préparé quelque chose pour demain ? — Ça, je ne peux pas vous le dire, c'est une surprise, Monsieur le président." Celui-ci rétorque : "Je n'aime pas trop les surprises…" Alors j'ai avoué que j'avais apporté le service Richer, celui qui avait défrayé la chronique et que le couple Macron avait commandé avec soin. Elle et lui ont donné un sacré coup de jeune à l'art de la table. "Oh, mais vous êtes fou ! Merci !" a conclu le président. L'effet de surprise en moins, j'étais content de mon coup ! » Ses yeux ne pétillent pas autant que pour son anecdote avec Bernadette Chirac. Puis il reprend son sérieux et me confie que l'un de ses petits plaisirs est de mettre sur la table en terrasse le service imaginé par le couple Pompidou qu'il trouve d'une grande modernité et indémodable : « Je ne peux pas en faire un dîner d'État de quatre cents convives, mais dans le jardin, c'est ravissant. »

Il s'amuse en me disant que souvent dans le « menu Monsieur » comme dans le « menu Madame », il glisse une fiche de présentation de ce qui se trouve sur la table pour que le chef de l'État et son épouse puissent faire briller l'art de la table : « Parfois j'entends mes mots dans la bouche du président, cela me fait tout drôle. »

C'est au travers de ses petites attentions que Patrick se révèle. Ce qui me pousse à cette question : « Qu'est-ce qui vous a le plus touché à l'Élysée ? Pas vous l'argentier, mais vous personnellement ? » Patrick change de visage, il n'est plus l'homme d'expérience à qui on ne la fait pas, il se fait plus doux, moins truculent, plus humain sans doute aussi, avant de me confier qu'il a une fille handicapée.

« On a acheté des verres, des verres qui ne valent pas grand-chose. Des verres à dégustation. Il n'y en avait pas chez Baccarat. Je suis allé chez Metro où j'ai trouvé des verres à cinq euros. Le président a validé. Cela change des Baccarat qui valent entre huit et neuf cents euros pièce ! Puis j'ai demandé qu'ils soient gravés du logo RF par un ESAT, un établissement et service d'aide par le travail, qui permet à des handicapés de s'intégrer par un emploi. Le président m'a donné son accord. Ces verres le suivent partout, il peut ainsi sensibiliser ses convives à la cause du handicap en rapportant cette histoire. » Patrick marque une pause émue. « Le handicap n'existait pas à l'Élysée avant les Macron. Aujourd'hui, on compte une vingtaine de handicapés dans les services. »

« On a acheté des verres, des verres qui ne valent pas grand-chose. Des verres à dégustation. Il n'y en avait pas chez Baccarat. Je suis allé chez Metro où j'ai trouvé des verres à cinq euros. Le président a validé. Cela change des Baccarat qui valent entre huit et neuf cents euros pièce ! Puis j'ai demandé qu'ils soient gravés du logo RF par un ESAT, un établissement et service d'aide par le travail, qui permet à des handicapés de s'intégrer par un emploi. Le président m'a donné son accord. Ces verres le suivent partout, il peut ainsi sensibiliser ses convives à la cause du handicap en rapportant cette histoire.

VÉRONIQUE LECUYER
CASH

Sacha est en train de photographier Véronique quand je la vois pour la première fois. Elle ne sait pas encore que je suis l'auteur du livre auquel elle a accepté de se livrer. Je découvre sa toute petite taille. Elle rigole, elle vanne le photographe, l'ambiance est joyeuse. En général, celui-ci fait tout pour amener les gens à se lâcher, là, il a trouvé une bonne cliente.

À peine assise, Véronique me tutoie sans plus de préambule et m'invite à faire de même. Je lui expose ma démarche. « J'ai compris, je te raconte ma vie, alors ? Bon, j'y vais ! J'ai travaillé quarante ans à *VSD* où les horaires étaient souples. J'étais assistante photo. Ça hurlait, ça vivait, ça circulait. C'était mon premier job. Eh bien, tu vois, à l'Élysée tu arrives à 9 h 01, on te fait une réflexion. Les ambiances sont différentes. » Le ton est donné.

Elle est tout feu tout flamme, elle s'emballe. Comme si elle n'avait pas de temps à perdre, comme s'il lui était compté, comme si l'essentiel était ailleurs.

Elle est entrée à l'Élysée le 16 septembre 2019 sans émotion particulière. « C'est un honneur de travailler à l'Élysée. Mais avec le recul, c'est un lieu comme un autre, peut-être plus triste que beaucoup. »

À son arrivée, Véronique a rejoint la « DirCom, mais je n'ai pas aimé. Trop cul-serré pour moi. Alors, le 1er décembre, je suis passée au standard où je me suis tout de suite intégrée. C'est un drôle de boulot, le standard de l'Élysée. Tout le monde appelle… et puis la nuit ce sont des tocards, des gens bourrés qui téléphonent… il y a toujours quelqu'un qui répond ».

Le standard fonctionne vingt-quatre heures sur vingt-quatre, il n'y a qu'une seule personne entre 22 h et 7 h 30. « Avant, il était à l'Élysée, mais Macron l'a fait déplacer à l'Alma. Les particuliers qui appellent l'Élysée sont souvent étonnants. On a l'impression que le président est Superman et qu'il résout tous les problèmes. Ils tentent de joindre le président parce qu'ils n'ont pas assez d'argent pour finir le mois, pour un problème de travail ou que sais-je encore. » Elle s'étonne de l'exigence de ces Français et de notre héritage monarchique. N'est-ce pas un biais dans sa réflexion parce qu'elle a été longtemps dans les médias proches du pouvoir et de ses coulisses ? Elle sait que les choses ne sont pas aussi simples. « Oui, sans doute. En tout cas, les insultes sont là aussi. À l'époque des Gilets jaunes, certains voulaient parler à la "pute de Macron" et disaient avant de raccrocher des horreurs sur le président. Et puis j'ai en ligne des trajectoires

“ Les particuliers qui appellent l'Élysée sont souvent étonnants. On a l'impression que le président est Superman et qu'il résout tous les problèmes. Ils tentent de joindre le président parce qu'ils n'ont pas assez d'argent pour finir le mois, pour un problème de travail ou que sais-je encore.

de vie, des personnes qui vivent dans des conditions difficiles. Cela prend le temps qu'il faut, mais j'écoute. Je prends toute la charge émotionnelle. Il faut être bien dans sa tête. » Il n'y a pas de formation spécifique pour cela, il y a des procédures mais pas d'éléments de langage : « J'ai dû apprendre sur le tas. Parfois les gens appellent pour savoir où en est la réponse à leur courrier. Je consulte une base de données et je donne un calendrier. Mais quand il est indiqué que la lettre n'appelle pas de réponse, je reste évasive, cela ne se fait pas de dire à quelqu'un qu'il n'est pas intéressant… alors je brode en espérant montrer assez d'empathie. »

Elle s'épanche : « Tu sais, je ne resterai pas dix ans ici, j'ai soixante-deux ans à la fin de l'année, et je ne peux pas rester dans un monde fermé sur lui-même. Ils ont du mal à vivre, ici. Heureusement que le téléphone me fait dialoguer avec des gens ! Tu comprends, moi, je suis en vie, j'ai même un book ! » Véronique m'apprend qu'elle a joué dans des clips vidéo de Mylène Farmer, dans des films tels que *Willow*… « J'ai une vie à côté de l'Élysée ! La figuration me fait rencontrer beaucoup de monde. Et je suis positive tout le temps, alors tout passe, tout glisse sur moi, je me suis fait une carapace. Et puis nous, les handicapés, nous agissons souvent comme les personnes normales. »

Je saute sur l'occasion de l'interroger sur sa vie de handicapée.

« Je n'aime pas qu'on dise "naine", personne de petite taille, c'est plus joli. Il n'y avait pas de politique de handicap à l'Élysée avant Madame Macron, mais il y a encore beaucoup à faire. Par exemple, j'ai un repose-pieds au standard, ce qui est bien. Mais rien n'est encore prévu pour moi dans les toilettes. Le handicap est une préoccupation qui met du temps à pénétrer les institutions. La volonté existe. Mais imagine que le prochain président ne soit pas aussi concerné… Je vais morfler. Et puis, tu sais, je n'ai vécu qu'avec des personnes de taille classique. La cuisine chez moi est un peu plus basse mais pas à ma taille, je sais m'adapter dans l'autre sens aussi, bien obligée ! »

Comme si elle avait envie de partager son intimité, Véronique revient sans fard sur ses permanences à l'Élysée qu'elle trouve tristes. Elle poursuit sur sa vie privée et me confie fréquenter les réseaux sociaux pour établir des contacts, faire des rencontres. Là encore, elle connaît plus de déconvenues que de joies. Il y a de la frustration dans sa voix, et sans doute dans son existence, frustration qu'elle compense par une exubérance contagieuse et une bonne humeur de tous les instants.

« Et si c'est moi qui te posais la dernière question, tu y répondrais ? » me demande-t-elle. « Oui, bien sûr… — Alors, quand tu m'as vue pour la première fois, tu as pensé quoi ? — Je t'ai vue souriante et gaie devant l'objectif du photographe. »

Un sourire généreux. ◆

LUN-YI HSING
DÉTERMINÉ

Les réorganisations sont fréquentes à l'Élysée, le lieu où je devais interroger Lun-Yi n'est plus disponible et tandis que nous cheminons vers l'aile ouest en quête d'un bureau libre, je lui expose l'objet de notre rencontre. Il est concentré, il réfléchit, il semble déjà préparer ses réponses.

Je n'arrive pas à déterminer son âge. Sans doute est-il plus mature que ce qu'il paraît.

Lun-Yi est né à Taïwan. « Quand j'étais petit, ma sœur m'a initié à la pâtisserie. C'est une passion que j'ai gardée en parallèle des études en informatique que je suivais pour rassurer mes parents. »

Il choisit d'effectuer un service militaire de quatre ans pour gagner double solde par rapport au service obligatoire d'un an. Il veut économiser pour aller apprendre la pâtisserie au Japon, le nec plus ultra en la matière selon ce qu'on lui a dit. « Les Japonais sont très précis dans les arts de la cuisine. Quand je ne suivais pas une recette exactement, le chef me donnait une tape sur la tête en me demandant pourquoi je mettais cent deux grammes et non cent comme indiqué pour le gâteau que j'étais en train de préparer. J'ai appris la rigueur pour arriver à l'excellence. »

Mais le Japon n'est qu'une étape. Il comprend que c'est en France que les grands pâtissiers de l'archipel se forment. Jusqu'à vingt-neuf ans, il travaille d'arrache-pied pour mettre de l'argent de côté afin d'émigrer en France.

Il arrive à Grenoble où des Taïwanais l'accueillent. Il commence par étudier le français pendant six mois. Puis il enchaîne les petits boulots… il se retrouve à Nantes, toujours dans une relative précarité. Après un séjour dans une école de pâtisserie à Poitiers, il rejoint en 2015 Paris pour intégrer le Ceproc, le Centre d'excellence des professions culinaires. Pour valider son CAP pâtissier, il doit faire un stage, son professeur lui parle de l'Élysée comme « ce qu'il y avait de mieux » avec les palaces parisiens. Au culot, Lun-Yi dépose une lettre de motivation, un CV et surtout des photos de ses réalisations. L'Élysée lui propose un stage sans le rencontrer.

Il débute au mess des officiers du 2, rue de l'Élysée, déçu de ne pas travailler dans la grande cuisine du palais. « À partir de 16 h, ça se vide alors je demande à rester plus longtemps. Je fais davantage que le boulot d'un stagiaire. Je suis bénévole pour continuer à progresser. Petit à petit. » L'Élysée le garde après son stage. Il passe dans les cuisines du palais en tant que commis.

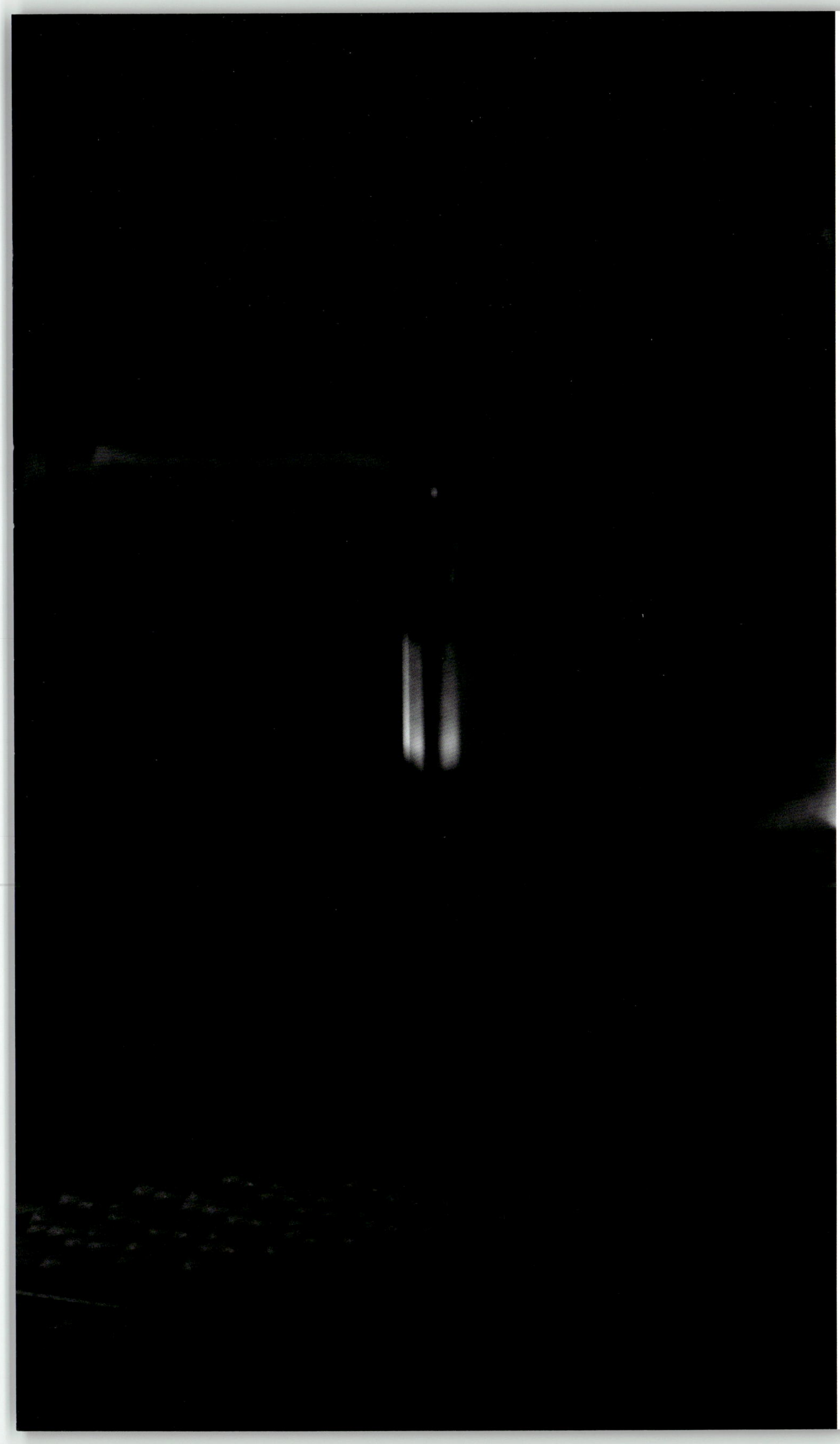

“Les Japonais sont très précis dans les arts de la cuisine. Quand je ne suivais pas une recette exactement, le chef me donnait une tape sur la tête en me demandant pourquoi je mettais 102 grammes et non 100 grammes comme indiqué pour le gâteau que j'étais en train de préparer. J'ai appris la rigueur pour arriver à l'excellence.

Lun-Yi ne reste pas commis très longtemps. Le chef Gomez remarque qu'il fait le boulot d'un chef de partie et se dépêche de le promouvoir quand il reçoit un coup de téléphone d'Éric Frechon, le chef du Bristol, qui prend des références sur le CV de Lun-Yi qu'il vient de recevoir… La pâtisserie compte alors la cheffe, trois chefs de partie et un apprenti.

Lun-Yi apprécie de personnaliser ses pâtisseries. « J'aime travailler à l'assiette. J'invente à la minute un dessert. Une assiette doit être bonne, mais c'est comme un tableau, elle doit être belle. J'aime revisiter les choses. »

Il cuisine pour Brigitte Macron. « Il y a six mois, le dessert préféré de Madame était le merveilleux au café et au chocolat, puis la cheffe m'a dit qu'elle voulait mon saint-honoré revisité. Récemment, j'ai créé une poire Belle-Hélène pour elle et ses six invités. Après quoi j'ai rangé ma cuisine. Le maître d'hôtel est descendu en hâte m'annoncer que Madame demandait à être resservie. J'étais inquiet, je craignais qu'elle n'ait pas aimé ou que les assiettes ne soient tombées. Le maître d'hôtel m'a rassuré, ils avaient apprécié et en revoulaient, alors je me suis exécuté. J'ai de nouveau rangé ma cuisine avant de sortir fumer une cigarette. On est venu me chercher parce que Madame était descendue me féliciter. » Je lis une profonde satisfaction dans les yeux de Lun-Yi quand il me narre cet épisode dans son français hésitant.

Quel est son défi pour demain ? « Je dois continuer à travailler pour apprendre toujours plus. Dans la pâtisserie, il ne faut jamais s'arrêter. À terme, j'aimerais monter ma propre pâtisserie », explique ce père de trois enfants.

Il ne s'épanche pas beaucoup sur sa vie privée, mais j'apprends qu'il a vécu son amour à distance pendant plusieurs années. Il s'est marié à Taïwan. Chaque été, il rentre sur son île pour retrouver sa femme et sa famille. En septembre 2021, ils seront réunis en France.

Une caractéristique chez lui me turlupine depuis le début de notre entretien, et, au moment de le quitter, je désigne ses mains. Il a des doigts fins, longs, agiles, fluides. Des mains de pianiste. À son petit doigt gauche, l'ongle est plus long que les autres. « Chez moi, à Taïwan, me répond-il dans un sourire, c'est un symbole de longévité. On ne coupe pas cet ongle. Dans ma famille, certains membres en ont un de plusieurs centimètres. Moi, avec mon métier, c'est impossible, mais ma grand-mère m'a dit qu'un centimètre suffisait. » ◆

“ Nous, militaires, nous travaillons pour le chef des armées françaises. C’est gratifiant. Les premiers jours, je n’ai pas bien pris conscience de la réalité des lieux, mais j’ai emmagasiné très vite toutes les caractéristiques du palais et la façon de me comporter. Il a fallu que j’apprenne à dialoguer avec les hautes autorités. On m’a demandé d’oublier le côté militaire, d’être plus rond pour m’adapter au monde civil, notamment avec les chefs de rang.

JÉRÔME FALCONNET
PRIVÉ

Ce qui me saute aux yeux en rencontrant Jérôme Falconnet est sa tenue. Il est en costume impeccable et en sneakers. Le sommet de la branchitude parisienne. Sur ses poignets de chemise, les initiales JF sont brodées. Il a une voix douce, timide, sur la retenue, qui contraste de façon surprenante avec sa carrure d'athlète. Il me domine de toute sa taille.

Jérôme est originaire du Jura, il a fait des études de restauration. Son père est militaire. « J'ai toujours voulu être dans l'armée sans avoir d'idée plus précise. Alors, lors d'une journée portes ouvertes à Strasbourg, la marine recrutait, je me suis engagé. J'étais le maître d'hôtel du pacha et tous les trois ans je changeais d'affectation ; en 2011, j'étais en mer sur la frégate *Jean-Bart* quand j'ai été appelé par Matignon. » Le pacha est le maître de bord.

À Matignon, il est le majordome du « privé », c'est-à-dire du Premier ministre dans ses appartements privés. Cela va de la gestion de ses affaires au service à table. Il le suit dans tous ses déplacements.

En janvier 2016, il intègre l'Élysée. Il entre directement au service des appartements privés du président. Seuls des militaires peuvent avoir accès à ce poste qui demande une grande confidentialité. Il n'y a que sous Nicolas Sarkozy que les militaires ont été remplacés par des civils. « Il est venu avec ceux qu'il a connus au ministère de l'Intérieur, il avait ses habitudes. »

Il décrit son premier jour comme un moment où il ne comprenait pas trop ce qui lui arrivait. « Nous, militaires, nous travaillons pour le chef des armées françaises. C'est gratifiant. Les premiers jours, je n'ai pas bien pris conscience de la réalité des lieux, mais j'ai emmagasiné très vite toutes les caractéristiques du palais et la façon de me comporter. Il a fallu que j'apprenne à dialoguer avec les hautes autorités. On m'a demandé d'oublier le côté militaire, d'être plus rond pour m'adapter au monde civil, notamment avec les chefs de rang.

« Nous nous occupons du couple dans sa sphère privée vingt-quatre heures sur vingt-quatre. En France comme à l'étranger. Nous sommes là pour eux. Nous avons des horaires de principe, mais ils sont toujours dépassés pour s'adapter au "PR" et à Madame. Dans les VO, je m'occupe des affaires du président, de ses valises, de sa chambre, de tous ses repas. Je suis son majordome au sens britannique. Il est concentré sur son travail, nous pensons au reste. » VO pour « voyages officiels ».

“ J'ai toujours été étonné de voir les présidents tirés à quatre épingles en toutes circonstances alors qu'ils venaient de prendre un bain de foule, d'honorer une réunion publique sous la pluie ou sous un soleil de plomb…

Jérôme et ses collègues s'occupent de tous les détails de la vie du couple. Par exemple, il suit le président dans le cortège avec le minimum pour qu'il soit à l'aise et pour qu'il puisse « se rafraîchir » à tout moment. J'ai toujours été étonné de voir les présidents tirés à quatre épingles en toutes circonstances alors qu'ils venaient de prendre un bain de foule, d'honorer une réunion publique sous la pluie ou sous un soleil de plomb… Ce sont des hommes comme Jérôme qui veillent à ce que le président puisse se changer à tout moment, en tout lieu, et toujours présenter une mise impeccable. Jérôme doit anticiper et s'adapter en toutes circonstances ; un exemple, Emmanuel Macron porte des chemises avec ou sans boutons de manchette…

Avec cette existence trépidante à l'Élysée, a-t-il une vie de famille ? Il change d'expression, je lis presque de l'inquiétude dans son regard. « J'étais pacsé. J'ai deux enfants de neuf et onze ans. Ma compagne a préféré rester en Franche-Comté plutôt que me suivre, alors nous nous sommes progressivement éloignés. Comme on dit, loin des yeux, loin du cœur. Hormis mes enfants, je n'ai pas de vie à côté de l'Élysée. À trente-sept ans, je me consacre à ma carrière militaire, j'aurai le temps plus tard… » Ce que j'ai pris pour de l'inquiétude est une tristesse refoulée. Jérôme s'efforce de ne rien révéler de ses émotions, il est dans son rôle.

Il change de sujet en déclarant qu'il se félicite de travailler auprès d'Emmanuel Macron qui l'a reconduit en arrivant à l'Élysée : « Nous essayons de profiter de chaque instant. Ce que je retiens de Macron, c'est Macron. Il est très proche de son personnel, très avenant. Madame et lui montrent une vraie gentillesse et sont soucieux des gens qui les entourent. Il ne nous transmet pas ses problèmes, contrairement à d'autres que j'ai servis. »

Y a-t-il des personnalités qu'il a rencontrées qui l'ont impressionné ? « Trump et Poutine ! lâche-t-il instantanément. Je les ai servis. Ils étaient concentrés sur la discussion, très sérieux. On essaye de se faire très discret. » Ils sont en permanence deux auprès du président et de Madame, ils ont le devoir d'oublier sur-le-champ ce qu'ils entendent et ils sont souvent complimentés par le couple. Il vit un rêve éveillé depuis qu'il est à l'Élysée. « Je n'oublie pas d'où je viens. C'est un privilège de rentrer dans tous les endroits où va le président. J'ai beaucoup de chance. Je n'aurais de cesse de remercier David qui m'a repéré et m'a permis de connaître cette expérience. » Je n'en saurai pas plus sur ce David.

Avant de prendre congé, j'ai l'audace de lui demander pourquoi il porte des sneakers. Il vient de se faire opérer du pied, une nouvelle fois. Et en le voyant désigner un point précis de son pied, j'ai l'impression que c'est là que passe le méridien du cœur. ◆

SOPHIE VARLEZ
ENJOUÉE

À peine suis-je assis qu'elle me lance : « C'est marrant, vous ressemblez à mon cousin qui n'est pas ce qu'on peut appeler un type sympa. » Ça commence bien…

Sophie travaillait à la communication institutionnelle d'Euro Disney. Une attachée de presse avait sympathisé avec Cécilia Sarkozy quand celle-ci se rendait au parc avec son mari et son fils. Celle-ci lui avait dit : « Quand mon mari sera élu, je vous emmène. » Elle avait pris ça pour une élégance, comme une marque d'affection, sans croire une seconde qu'il y aurait une suite.

Sophie est volubile. Elle se marre en racontant le moindre fait, comme une politesse, comme une carapace pour faire tout passer sur le ton de l'humour. Elle me met en boîte aussi.

« Du jour au lendemain, l'attachée de presse a quitté Disney et elle m'a appelée pour me demander si je voulais la suivre. Je n'avais aucune ambition, aucune prétention, aucune attache politique… Moi à l'Élysée… J'ai pris ça pour une blague. Je suis allée y voir. En longeant le couloir Madame, j'ai vu que mon nom était déjà sur la porte alors que je ne venais que pour un premier entretien. Là, je me suis dit que ces gens avaient du pouvoir. C'était le mercredi après la passation ; je suis sortie de l'Élysée et je me suis assise sur un banc pour comprendre ce qui m'arrivait. Au téléphone, l'attachée de presse me demande mes prétentions salariales. Je n'y ai pas réfléchi alors je lui donne le montant de mon salaire brut chez Disney. Elle le transforme en net. Je suis ravie. Et puis j'ai appelé mon père âgé : « On s'occupera des enfants au besoin. » L'Élysée a tout réglé en vingt-quatre heures avec Disney. À quarante ans, je faisais partie des quarante assistantes du palais. » Elle a dû souvent raconter cette histoire, c'est fluide, les effets sont justes et drôles.

Elle commence par travailler couloir Madame, dévolu à la Première dame. « Personne ne passe couloir Madame. Il n'y a pas d'activité. » Le travail se met en place mais, en octobre 2007, un samedi de grève des transports, Cécilia et Nicolas Sarkozy se séparent. C'est un tsunami d'informations, les médias sont saturés. Je suis convoquée par le secrétaire général, Claude Guéant, qui me dit : "Vous n'êtes pour rien dans cette situation, nous vous mutons au service de presse du 'PR' auprès de Franck Louvrier, le conseiller pour la presse et la communication." »

Sophie déverse un flot d'histoires qui part du mariage du président avec Carla Bruni à des déplacements à New York, en Israël, en passant

“ J'éprouve une grande fierté à travailler pour l'institution et pour les trois présidents que j'ai servis. Ils m'ont ouvert l'esprit. Les conseillers ont toujours été bienveillants à mon égard même quand je n'avais pas de poste fixe. Même si je suis entrée par hasard au palais, je peux dire que j'ai la chance de vivre l'Histoire. L'Élysée est une ouverture sur le monde, j'ai compris ici ce qu'était l'idée de la France.

par un séjour de quatre jours en Nouvelle-Calédonie. Elle conclut par cet aveu : « Mes enfants ont été autonomes très tôt. Ils avaient huit et douze ans à mon entrée à l'Élysée. Quand je partais en déplacement, je me débrouillais. Il y a sans doute chez eux des petites séquelles de mes absences, mais ils vont bien. »

Son contrat de travail est lié au mandat. Il prend fin en 2012. L'équipe Hollande le reconduit et Sophie rejoint le service de la correspondance présidentielle (voir portrait de C. Lahollande, p. 99) : « Le placard ! Je passe d'une proximité “PR” à l'ouverture des enveloppes avec le même salaire. » Elle obtient un CDI. Il n'y avait que dix pour cent de CDI sur l'ensemble du personnel. Aujourd'hui, il y en a encore moins. La plupart des contrats sont de trois ans ou liés au mandat.

Elle me révèle qu'une police politique existe au sein de l'Élysée. Un jour de janvier 2013, la DRH la convoque : « On vous a vue attablée avec le service de presse de Sarkozy. Nous avons des photos. » Elle explique

en riant jaune qu'elle participait au déjeuner de départ de la précédente équipe qui n'avait pu avoir lieu avant. Elle est convaincante et quitte la correspondance. Elle devient assistante remplaçante cabinets : « Je passe de Jean-Pierre Jouyet, le secrétaire général, à Emmanuel Macron, alors secrétaire général adjoint, que je découvre être un amour d'homme. » Elle raconte ensuite comment pendant le quinquennat de François Hollande, elle a été bringuebalée de conseiller en conseiller. Elle ne le dit pas, mais elle laisse comprendre qu'on a voulu lui faire payer son passé sarkozyste. Et puis, dans un sourire : « Une petite anecdote sur le couple Macron ? Lors du pot de départ de son mari en juin 2014, Brigitte Macron s'est demandé à voix haute : "Mais qu'est-ce qu'on va devenir ?" Ils avaient du talent, nous n'étions pas très inquiets. »

Sophie me confie que François Hollande avait remarqué la notoriété du couple et compris son destin : « Quand je voyage avec François Hollande à l'étranger, on me demande si j'accompagne le président qui travaille avec Emmanuel Macron. »

Sophie a un débit soutenu. Elle enchaîne les histoires en mélangeant les époques, les personnages, elle se met en scène, joyeuse de (se) raconter. Une fois à la retraite, elle pourrait écrire un libre *Mémoires d'une assistante de l'Élysée*. Cela serait drôle et pétulant.

Mai 2017. « Je n'ai pas pleuré quand le staff de François Hollande a quitté le palais. Lui était adorable, calé en histoire de France. Je commence à travailler avec Sylvain Fort, conseiller en communication d'Emmanuel Macron, jusqu'à son départ, puis avec différents conseillers. C'est alors qu'un matin, je m'évanouis dans la cour d'honneur. *Burn out*. Trois mois de congé maladie. Sans doute la conséquence de la tension des années Hollande. Je retourne à la com-presse avec Joseph Zimet puis avec Clément Léonarduzzi.

« Ce serait à refaire, je le referais. J'éprouve une grande fierté à travailler pour l'institution et pour les trois présidents que j'ai servis. Ils m'ont ouvert l'esprit. Les conseillers ont toujours été bienveillants à mon égard même quand je n'avais pas de poste fixe. Même si je suis entrée par hasard au palais, je peux dire que j'ai la chance de vivre l'Histoire. L'Élysée est une ouverture sur le monde, j'ai compris ici ce qu'était l'idée de la France. »

Elle s'énerve contre ceux qui ont la critique facile. « Les yakafokons devraient passer une journée avec nous, c'est un flux permanent. Qu'ils aillent à l'Alma, à la correspondance. Ils découvriraient ce que les Français ont à dire et ça leur permettrait de comprendre qui ils sont. Cela vaut aussi pour certains conseillers, c'est une expérience qui remet les pieds sur terre. On se trouve souvent démuni devant les situations difficiles. J'ai lu tout ça quand j'étais à la correspondance. Cela me donne le courage d'insister et de relancer les conseillers pour les pousser à agir toujours plus et, j'espère, mieux.

» L'Élysée, ça use, la pression est énorme. À l'époque de Sarko, on communiquait déjà sur chaque mouvement du "PR". Aujourd'hui, c'est pire, il y a tout le digital et son rythme multiquotidien. Alors pour adoucir la vie des conseillers, je les materne, je les réconforte quand ils pleurent, parce que le stress est leur routine. Ne pas oublier que lorsque le "PR" s'enrhume, tout le monde éternue. »

Quel est son plus beau souvenir de ses quinze années à la présidence ? « C'était au Liban avec Sarko. Nous étions dans le camp des Casques bleus. Quand le président est descendu de l'hélicoptère, une *Marseillaise* a cappella est sortie des tripes des militaires. Des voix de la Terre. J'étais là, j'ai pleuré. » Ses dernières paroles viennent moins facilement que toutes les autres, l'émotion demeure. ◆

“ Aujourd'hui, c'est pire, il y a tout le digital et son rythme multiquotidien. Alors pour adoucir la vie des conseillers, je les materne, je les réconforte quand ils pleurent, parce que le stress est leur routine. Ne pas oublier que lorsque le "PR" s'enrhume, tout le monde éternue.

“ Quand il était malade de la Covid, j'étais avec lui. J'étais le seul à entrer dans son bureau à la Lanterne. Je lui ai montré comment tenir la perche à selfie pour faire sa vidéo.

VINCENT MINGUET
SOLIDE

Vincent Minguet est un des trois aides de camp du président de la République. Avec le médecin et le « siège », le garde du corps qui monte avec lui en voiture, l'aide de camp est le personnage le plus proche du président. Ils sont en relation permanente.

L'aide de camp est un poste créé avec la Vᵉ République. Le général de Gaulle avait l'habitude d'avoir auprès de lui un militaire qui s'occupait de toute son intendance. Les chefs d'État qui lui ont succédé ont conservé la fonction, essentielle pour que le président soit libéré des questions subalternes et se consacre à l'essentiel.

Il me reçoit dans un bureau lambrissé doté de magnifiques vitraux provenant d'Aix-la-Chapelle. Il n'est pas situé dans le palais, mais rue de l'Élysée, au deuxième étage d'un hôtel particulier. Les aides de camp déménageront en 2022, l'État a mis en vente le bâtiment plus de vingt millions d'euros. Les fenêtres du bureau donnent sur celles, toujours fermées, des appartements privés du président.

Vincent est colonel des chasseurs alpins. Il a été recruté par Emmanuel Macron par affinité. Le président avait le choix entre deux candidats aux compétences comparables. C'est la « note de gueule qui a fait la différence. C'est logique, nous sommes tout le temps collés à lui. Avant que j'entre dans son bureau la première fois, on m'a dit que je n'avais que cinq minutes, il m'a gardé quinze, et nous n'avons pas parlé de ma mission mais de ski ! ». Le premier jour fut une déflagration pour Vincent : « Je passais de bidasse de terrain à l'Élysée et au monde politique. »

L'aide de camp est en charge de l'environnement du président dans ses déplacements. Par exemple, il met en place les moyens pour que le président puisse joindre les armées, dont il est le chef, et les autres chefs d'État à tout moment. Avec gravité, il ajoute : « L'aide de camp est partie prenante du processus de dissuasion nucléaire. »

Il est aussi le dernier filtre des discours. Quand il y a des noms imprononçables comme dans certains pays, il s'assure que la plume qui a rédigé le texte en a bien précisé la phonétique. « Pour l'hommage à Jean d'Ormesson, le président devait déposer sur son cercueil un crayon. Je lui ai rappelé qu'il devait le coller sur le scotch que nous avions préparé pour lui. Ainsi, le vent ne risquait pas de le faire tomber. Cela aurait été du plus mauvais effet. Ce crayon a été une des images fortes de la cérémonie. »

Et, dans un sourire, il reprend : « Il m'arrive de faire du sport avec lui, mais pas de la boxe, contrairement à ce qu'a prétendu *Paris Match* l'été dernier ! Quant à Noël 2020, le virus l'a atteint et qu'il était malade, j'étais avec lui. J'étais le seul à entrer dans son bureau à la Lanterne. Je lui ai montré comment tenir la perche à selfie pour tourner sa vidéo. »

Et puis, parfois, il y a des ratés. Vincent s'en veut d'avoir laissé une faute d'orthographe traîner dans un livre d'or en 2020. « C'était lors de la commémoration de la disparition du général de Gaulle à Colombey-les-Deux-Églises. La phrase était : "Cinquante ans plus tard, le souvenir vivace du général de Gaulle demeure une source d'inspiration pour notre Nation, notre République. Puissions-nous trouver en ces lieux, en ses choix, les traces qui nous permettront de bâtir notre action pour la France. En fidélité." » J'imagine que vous avez trouvé la faute...

Pour la première fois depuis le début de notre entretien, les yeux de Vincent ne sont pas rivés aux miens. Il est encore gêné par cet oubli.

Philosophe, il ajoute : « On n'a pas le droit à l'erreur, donc c'est stressant. À chaque fois on se dit : "Concentre-toi pour savoir ce qui pourrait merder et, si ça merde, qu'est-ce que tu fais ?" »

Les trois aides de camp se relaient pour être chacun à leur tour de service. La semaine où ils sont collés au président, ils sont en semaine « rouge ». Les deux autres semaines, la couleur sur leur tableau d'activités est verte. « En fait, nous sommes rarement en vert, il faut toujours qu'on soutienne celui qui est en charge tout en préparant nos semaines rouges. Elles sont plutôt écarlates ! »

Ils sont tellement interchangeables que j'ai souri quand Vincent m'a dit qu'ils étaient tous les trois pères de quatre jeunes enfants.

C'est une mission qui use. Ils restent trois ans et retournent dans leur arme. Vincent retournera à Annecy commander un régiment de chasseurs alpins.

Il gardera en lui la séquence des grands débats pendant les Gilets jaunes en régions. « C'est la rencontre de Français inconnus, c'est le combat par l'art oratoire. Le "PR" a une capacité rare à entrer dans l'arène et à maîtriser le jeu. Et quelle claque de voir les vrais Français... » Je lui demande d'en dire plus : « Nous sommes très privilégiés, nous devrions prendre plus souvent le pouls des Français. » Je le sens coincé par son devoir de réserve et me souviens de la phrase du général de Gaulle qui assurait qu'on ne faisait pas la France sans les Français. C'est la deuxième fois qu'il détourne le regard, cette question lui tient à cœur. Il embraye : « Ce qui reste, ce sont des relations humaines. Avec le "PR", son épouse, les préfets et les diplomates. » Il me raconte qu'au Puy-en-Velay comme au théâtre des Bouffes du Nord à Paris, Emmanuel Macron a été pris à partie par des Gilets jaunes. Il a été exfiltré. Vincent comme le médecin qui suit le chef de l'État partout ont dû se débrouiller seuls pour sortir de cette situation. Aucun officier de sécurité ne les a aidés. À ce moment de notre échange, je ne sais pas si ce qui le perturbe est de l'embarras ou de la pudeur.

Je sollicite des anecdotes qui permettront de donner de la chair au portrait. « Je n'ai fait qu'un président, je ne peux pas parler pour les autres. M. Macron, il sent les choses. Après l'explosion à Beyrouth, mes équipes et celles de l'Élysée ont tout préparé en moins de vingt-quatre heures. Personne n'a dormi. J'étais avec lui à Brégançon quand il a appris la nouvelle. Le lendemain matin, il a appelé le président Aoun. En raccrochant, il m'a dit : "J'ai envie d'y aller aussitôt que possible, on part demain." Le lendemain, six Falcon et un Airbus A330 ont décollé en embarquant cinquante personnes et du fret humanitaire. J'ai vu la joie des Libanais, la reconnaissance de nos frères libanais. Au milieu du malheur, il y avait une lueur. » Ses yeux ne quittent pas les miens.

Vincent est resté trois ans auprès du président.
Il a quitté ses fonctions à l'été 2021. ◆

HÉLÈNE DAYRES
EN MOUVEMENT

Quand j'ai su que j'allais avoir rendez-vous avec une « régulatrice », je me suis souvenu de mes cours de sciences physiques. Mais en langage Élysée, un régulateur est celui qui agit sur le mouvement d'une voiture dans un convoi. Le président se déplace toujours en cortège. En plus de sa voiture, des motards et d'une voiture suiveuse de protection, il peut y avoir un certain nombre de voitures à la suite avec les accompagnateurs. Hélène, à « régulatrice », préfère « conducteur d'autorité » et concède « conducteur d'autorité au sein du service de la régulation ». Elle trouve que cela sonne plus juste au masculin.

Hélène est gendarme. Elle réussit le concours de sous-officiers et choisit le 1er régiment d'infanterie de la Garde républicaine affecté au palais de la présidence. Après un appel à volontaire, elle débute dans la garde des jardins en janvier 2016. Elle n'en conserve pas de souvenirs marquants. « La compagnie d'honneur n'offre rien d'extraordinaire, sauf un événement : le défilé du 14 juillet 2017. » Cette année-là, Donald Trump est l'invité d'honneur. Avec ses collègues, elle ouvre le défilé et célèbre ainsi le mois de son anniversaire. Hélène a aujourd'hui trente-deux ans.

En juin 2018, elle intègre la régulation. Elle fait partie de l'équipe de chauffeurs pour la délégation du président et de ses conseillers. « En plus des déplacements officiels, on travaille pour les amis, les invités et les membres de la famille du président ou de Madame. Pour conduire le président, il faut être membre du GSPR. La régulation n'est pas aussi routinière que les honneurs, c'est ce que je recherchais.

» En avril 2019, j'ai transporté Madame Aissa Doumara Ngatansou, une militante camerounaise qui lutte contre les violences faites aux femmes. Elle est la première récipiendaire du prix Simone Veil. Elle est arrivée en tenue d'été. En général, je ne dis rien tant qu'on ne m'adresse pas la parole. Là, je me suis permis de la prévenir qu'elle allait avoir froid. C'est la personnalité la plus touchante que j'ai véhiculée pour le président. »

Quel est son lien avec la voiture ? « J'aime conduire, répond-elle avec simplicité. Je n'ai pas été formée à la conduite en cortège, à part un stage avec les membres du GSPR sur le circuit Beltoise. » Bien qu'en tenue civile, elle est toujours militaire et armée. « La conduite en cortège, c'est aligner sa voiture sur celle du président en position et en rythme. Il n'y a que la suiveuse qui fait des écarts. »

Si je dois quelque peu aller chercher ses réponses, Hélène s'exprime avec sobriété et flegme, sans lyrisme, ce qui ne masque pas une certaine timidité. « C'est un honneur d'apparaître dans un livre. »

« Je n'avais pas de grande expérience de cortège lorsque nous avons fait l'itinérance mémorielle en 2018 ; nous sommes partis à deux équipes en deux convois de sept véhicules chacun. Cela n'a été que de la voiture pendant plusieurs jours. Nous avons même été victimes d'un mini-scandale à Pont-à-Mousson, quand nous nous sommes garés les uns à côté des autres au moment du changement d'équipe. La photo est parue dans la presse et elle a fait jaser tant le rassemblement de véhicules était impressionnant. Moi, j'ai trouvé que cela avait de la gueule ! Dans ce genre d'occasion, en métropole, la voiture blindée du président est transportée très discrètement en camion. Le "PR" la retrouve à la descente de l'avion. Elle ne circule jamais sans lui.

» Il n'y a que 10 % de femmes dans le groupe des régulateurs, et seulement depuis Emmanuel Macron. L'intégration des femmes se passe bien avec les plus jeunes du service. Avec les plus anciens, il y a encore quelques pointes d'humour un peu déplacées, mais ce n'est pas méchant », m'explique cette célibataire originaire de Mont-de-Marsan l'air de dire « C'est la vie ! ».

» En 2030, j'aurai quarante ans, je me vois bien encore ici. Notre activité varie en fonction des présidents. Avec François Hollande, il n'y avait que de l'intra-muros, avec Emmanuel Macron, comme avec Nicolas Sarkozy, on va plus à la rencontre des Français là où ils se trouvent. »

Hélène me remercie du temps que je lui ai consacré et de l'avoir choisie pour figurer dans ce livre. Sacha m'a raconté qu'elle avait été quelque peu chambrée par certains de ses collègues pendant la séance photo, mais qu'elle est restée digne. ◆

RÉGIS MESSMER
GEEK

Pour rencontrer Régis, il me faut gravir un escalier dans un recoin de l'hôtel particulier des aides de camp rue de l'Élysée. Les bureaux des transmetteurs sont dissimulés derrière une porte blindée et sécurisée. L'antenne Transmission Élysée dépend de l'opérateur des systèmes d'information interministériels classifiés situé aux Invalides. Comme pour les aides de camp, ce bureau a été créé par le général de Gaulle en 1960. Régis est major.

Le transmetteur est ce pauvre type dans les films de guerre qui porte l'équipement radio encombrant et ultra-lourd et qui se fait systématiquement tuer tout de suite.

Régis a fait vingt ans de service actif, dont les Opérations extérieures. Des opérations de combat sur le théâtre extérieur. Puis il a poursuivi dans tous les jobs de systèmes d'informations classifiées (SIC), loin de Paris. « Les gens ne veulent pas venir à Paris. La vie y est trop chère », remarque-t-il au passage.

En janvier 2019, il entre au palais : « Me retrouver dans la cour d'honneur… c'est impressionnant. C'est prestigieux, un poste qui ne se refuse pas. Je m'acclimate à la machine élyséenne en un temps record. Mon père était ouvrier en Moselle. Ma mère est très fière de mon entrée à l'Élysée, comme toute la famille. Juste avant, j'ai fait une promesse à ma femme : après l'Élysée, nous partirons dans des îles françaises avec notre fils. Mon contrat dure trois ans.

» Je rencontre le "PR", il est sympa, même cool parfois. Je suis le quatrième plus proche quand il se déplace. Avant moi, il y a le siège, l'aide de camp, le médecin. Avec celui-ci, nous sommes les hommes aux mallettes ! Je suis dans la technique dans le cortège des voitures.

» Ce qui m'a étonné, à l'Élysée, c'est l'importance du savoir-vivre et du savoir-être. La faculté à s'adapter au contexte et aux situations est un impératif. »

Un transmetteur suit le président partout hors du palais, sauf dans ses résidences privées comme au Touquet. Dans ce cas, les moyens SIC sont confiés à l'aide de camp, qui veille à ce qu'il y ait le moins de monde possible autour du président. Quand celui-ci se rend à la Lanterne le week-end, le transmetteur s'organise pour tout installer avant l'arrivée du couple. L'aide de camp prend le relais. En revanche, quand le président séjourne au fort de Brégançon, le transmetteur l'accompagne. « Ces missions ne sont pas très intéressantes. C'est à l'étranger comme la semaine dernière, deux jours en Belgique, deux jours au Rwanda et deux jours en Afrique du Sud que je m'épanouis. »

Le transmetteur doit tout communiquer au président. Il passe par l'aide de camp avant de livrer une information ou un document, sauf quand celui-ci est occupé ailleurs ; lors des attentats contre *Charlie Hebdo*, c'est le transmetteur qui a prévenu François Hollande.

Le transmetteur est équipé en permanence d'une ramette de papier, d'une imprimante, d'un scanner et d'encre. Que la visite dure quelques minutes comme en Belgique ou sept heures comme à Jérusalem, il doit être prêt à imprimer des documents où qu'il soit, même sur une poubelle. Régis me raconte ces moments où il faut être efficace quel que soit le contexte. Il en sourit et s'en amuse presque. Son regard frétille. Il est comme ça depuis le début de notre entretien, très carré dans ses propos et son engagement, tout en conservant une capacité à prendre du recul. « On n'a pas du matériel dernier cri. On n'a pas le droit d'utiliser le wi-fi pour des raisons de sécurité mais nous savons être inventifs ! » Nous rigolons en nous moquant des *early adopters* qui se ruinent pour des versions pas abouties alors que les précédentes sont souvent plus performantes.

Il est sympa, Régis. Il me parle de la fatigue du métier, de la limitation à trois ans de sa mission. Comme un président, lui fais-je remarquer, c'est un laps de temps qui fait vieillir plus vite tellement il est dense. « Certains en perdent même leurs cheveux ! » J'aime bien ce sérieux mêlé d'humour.

Deux adjudants, eux aussi transmetteurs, sont sous ses ordres directs. Ils gèrent toute la communication du président dans le palais, notamment dans l'abri atomique au cas où les circonstances exigeraient qu'il se réfugie. J'ai aperçu l'abri au cours de mes balades dans les sous-sols. On peut passer devant sans remarquer cette porte ordinaire.

Ils sont responsables des datas comme de la phonie. « J'envoie au secrétariat tous les documents que le "PR" a visés après les voir scannés. On lui remet les dépêches AFP dès qu'il quitte le palais. Où qu'il se trouve, la sécurité doit être impeccable. Dans l'avion tout est protégé ; cependant ses téléphones privés le restent. Nous n'intervenons que pour les périphériques. Et quand il s'éloigne de plus d'une journée, nous déployons plus de personnel et de moyens pour qu'il dispose en permanence d'un téléphone chiffré. Mais il y a des exceptions, certains chefs d'État l'ont

“Je rencontre le “PR”, il est sympa, même cool parfois. Je suis le quatrième plus proche quand il se déplace. Avant moi, il y a le siège, l’aide de camp, le médecin. Le docteur et moi sommes les hommes aux mallettes ! Je suis dans la technique dans le cortège des voitures… Ce qui m’a étonné, à l’Élysée, c’est l’importance du savoir-vivre et du savoir-être.

doté d’un appareil cellulaire pour communiquer directement. Ils sont rangés dans des boîtes étanches sous notre garde. Quand le président veut les joindre, il nous demande leur téléphone. »

Un exemple : dans l’avion pour Mulhouse pour voir le premier hôpital militaire Covid pendant le confinement du printemps 2020, le président a demandé à joindre le chef d’État chinois. À l’atterrissage, le salon VIP de l’aéroport a été sécurisé, la communication a été établie grâce au matériel du transmetteur et Emmanuel Macron a pu avoir un entretien de quarante minutes. Si l’on y réfléchit, la mise en place d’un tel dispositif est un exploit : il a fallu organiser en un temps record la réception à l’aéroport avec toute la sécurité nécessaire et s’assurer de la présence d’un interprète, sachant que le travail ordinaire n’a pas disparu pour autant.

Puis Régis me montre un appareil : « Le président n’est pas très fana de ce téléphone-là. » C’est un Teorem de chez Thales plutôt moche et archaïque, mais « personne n’a jamais réussi à casser le système depuis 2007, il est très sûr ».

Réactivité est le maître mot du transmetteur. « En octobre 2020, il y a eu un attentat dans la basilique Notre-Dame de Nice. Le président a décidé à dix heures de s’y rendre, à onze heures nous étions dans l’avion avec toute la logistique, les équipes du “PR” et tout un cortège. Nous devons toujours nous rendre en moins d’une heure au palais prêts à décoller.

» Ce qui m'a le plus étonné a été lors du G7 à Biarritz. Le "PR" voulait que la délégation soit réunie dans un seul bureau. J'ai pu découvrir le travail en action du "PR"... J'ai été impressionné par la vitesse d'exécution. Être mêlé à l'univers politique ainsi, observer ses conseillers travailler sur un discours, une idée, commenter un événement... On se croirait dans les cuisines d'un restaurant où seules les paroles essentielles sont prononcées. Ça fuse. Tout le monde se place sur la même longueur d'onde que le président par souci d'efficacité. Un boulot de dingue ! »

Régis sera muté en fin d'année 2022. Reconnaissant et pensif, il me confie ce paradoxe : « Mon unité mériterait d'être plus connue tellement son activité est essentielle. Mais voilà, elle est par nature assez secrète. Six personnes sont en permanence sur le qui-vive pour transmettre les informations secret-défense et pour connecter le "PR" au monde. »

La prochaine fois que vous regarderez un film avec un transmetteur qui porte la Terre entière sur son dos, ayez une pensée pour Régis et ses collègues. ◆

CHRISTINE LAHOLLANDE
FIDÈLE

Quand j'ai vu Christine Lahollande pour la première fois, je lui ai trouvé des airs de Première dame. Une fois assis avec des petits gâteaux « faits maison ! » et un café – « C'est important de bien recevoir » –, je l'ai écoutée me raconter son histoire.

Une phrase de son discours me fait comprendre qui est Christine : « J'ai été la rédactrice de Madame Chirac ! » Cette responsable de la correspondance, une femme entre deux âges, change de visage quand elle évoque l'épouse du chef de l'État disparu. Je ne retrouve plus les traits de l'ancienne inspectrice des impôts qui sait se montrer rigoureuse et ferme, soucieuse du travail bien fait quand elle m'explique avec minutie les différents types de courriers adressés au président et leur classement méthodique. Par exemple ces lettres d'opinions (sur les Gilets jaunes, la CSG, les retraites, etc.) qui ne demandent que des réponses rapides alors que, en lisant mieux, on se rend compte qu'elles doivent être classées parmi les requêtes parce qu'elles aboutissent souvent à une demande particulière.

Comme beaucoup dans ces pages, elle exprime une profonde déférence quand elle mentionne « Madame Chirac ». « L'Élysée, c'était sa maison. Elle entretenait même une correspondance avec des femmes africaines pour leur venir en aide. Certaines l'appelaient "maman". Elle écoutait aussi nos meurtrissures de la vie, elle savait nous soutenir. Cette femme était la charité incarnée. » Il y a de la dévotion dans la voix de Christine.

Christine est la détentrice d'une photographie quotidienne de l'opinion française.

La présidence de la République reçoit huit cents courriers par jour. Deux tiers proviennent de citoyens ordinaires, un tiers d'institutions, d'élus ou d'associations.

Quand elle a débuté à l'Élysée, le 1er septembre 2001, elle était simple rédactrice, chargée de préparer les réponses au courrier. Tout se faisait « au crayon de bois et à la gomme avant de passer le texte à taper à des secrétaires ». La totalité du courrier arrivait par la poste.

Aujourd'hui, le courrier postal ne représente plus que le cinquième du volume. Le reste arrive par e-mail. Jusqu'à Nicolas Sarkozy, les gens « écrivaient avec de la retenue et de la distance. Puis, avec l'hyper-communication de ce président, les lettres sont devenues de plus en plus

sans filtre, voire familières. Comme si le président appartenait plus aux Français qu'à la France. Les citoyens aujourd'hui ne masquent plus leurs maux ».

Les mots de ces maux révèlent le mal-être, des problèmes de fin de mois, la recherche infructueuse d'un emploi, un crédit qui étouffe, la maladie, l'impossibilité d'avoir une place en crèche, le manque de ceci ou de cela… « Tous ces Français s'en remettent au président. » De temps en temps, au milieu de toute cette misère, une lettre se fait plus radicale. Christine et ses équipes peuvent y deviner l'envie d'en finir avec la vie. « Dans ces cas, sans attendre, une procédure est lancée pour que le préfet local diligente les gendarmes ou la police pour s'assurer de l'état de la personne. Parfois ce n'est rien, parfois c'est tout. Il faut réagir rapidement. Que dirait-on si, en plus, le suicide avait lieu alors que le président était informé ? »

Quand elle a accepté le poste de rédactrice à la présidence, Christine ne pensait pas qu'elle serait à la tête d'un service vingt ans plus tard. Et certainement pas celui de la correspondance. « J'ai toujours aimé travailler dans le dialogue. Aux impôts, je voulais aider les entreprises qui avaient des difficultés et qui étaient de bonne foi plutôt que d'user des pouvoirs coercitifs que j'avais. Aujourd'hui, je suis très fière de faire partie de ceux qui travaillent dans la soute de la présidence. » Bien sûr, ce n'est plus le même service de correspondance qu'à l'époque où il dénombrait cent vingt personnes. « Avec le numérique, tout est scanné, enregistré et répertorié plus facilement. Nous sommes presque moitié moins. Les choses ont beaucoup changé sauf pour l'essentiel, il reste toujours de l'humain dans les messages et le volume de courrier n'a pas bougé en vingt ans.

« Une autre chose a évolué : depuis M. Hollande, le président signe beaucoup plus souvent des réponses aux lettres des particuliers. M. Macron en demande une vingtaine par semaine à sa signature. Avant M. Hollande, la signature du président était plus préservée, plus institutionnelle. Aujourd'hui, nous recevons souvent des lettres où M. Macron est considéré comme un copain à qui on peut tout dire et sur n'importe quel ton.

» Même à l'égard de la Première dame les choses ont changé. Au cours du mandat de M. Sarkozy, Carla Bruni n'était pas considérée comme une vraie Première dame, elle ne faisait rien pour les gens. Ils l'engueulaient mais elle n'a jamais changé d'attitude pour autant. Mais c'était contre Valérie Trierweiler que les Français étaient le plus remontés. Ils considéraient qu'elle avait volé Monsieur Hollande à Madame Royal.

» Nous, au courrier, nous pourrions faire un sondage quotidien sur la popularité des présidents !

» Pendant la pandémie, c'est la seule fois en plus de vingt ans qu'on recevait autant de courriers altruistes et positifs qui disaient à M. Macron de garder le cap, qu'on savait qu'il faisait de son mieux. En général, il y a toujours une demande de service avec un message sympathique. Pas pendant cette crise. La correspondance est le baromètre de la société française. »

Les qualités de Christine sont à l'image de celles qu'elle prête à la Première dame qu'elle a tant admirée. Elle m'explique qu'elle a besoin de se sentir utile dans son métier, « sinon, à quoi bon faire tout ça ? ». Alors, quand elle reçoit un message de remerciement d'un Français qu'elle a pu aider anonymement, elle est contente. Elle me l'avoue, quand la retraite sonnera le 31 mars 2025, elle espère qu'elle pourra partir avec la même dignité que Madame Chirac. ◆

LUIGI OTTAVI
JOYEUX

Pour rejoindre Luigi, il faut descendre dans un entresol biscornu et entrer dans une pièce qui ressemble à une grotte dont les murs se resserrent à mesure que l'on y pénètre. Il a réussi à donner une touche de poésie à un de ces nombreux endroits microscopiques dans lesquels des femmes et des hommes œuvrent à la bonne marche de l'Élysée. Il parle de l'« intimité du fonctionnement » dans un espace de travail aussi réduit. Ce qui attire l'attention, quand on y pénètre, ce sont ses rangées bicolores de classeurs parfaitement alignées.

Luigi m'accueille avec un grand sourire généreux. Comme si nous étions potes. Comme de nombreux autres interviewés, il montre une affabilité sincère, mais, comme peu d'entre eux, il a le chic pour abolir la distance.

« Vous croyez à la chance ? » me demande-t-il, et il poursuit par le récit de son parcours : « Je travaillais pour la SPS, la Société parisienne de serrurerie, après un CAP spécialisé serrure Louis XIII et Louis XIV, ce qu'on appelle la serrurerie de style. J'ai fait du compagnonnage de ferronnerie d'art dans les églises. J'ai alors vingt-trois ans et je suis missionné pour faire un dépannage de serrurerie à l'Élysée. Je ne savais pas que c'était l'Élysée jusqu'à ce que j'arrive devant la porte ! Mon intervention se passe bien et la SPS devient prestataire du palais.

» Je me marie et je cherche à me fixer. Je demande à l'Élysée si un poste est à pourvoir, et on m'embauche ! C'est aussi simple que cela. Alors, vous croyez à la chance ? » Je hoche la tête et ajoute : « Et au talent aussi… »

Le 1er octobre 1982, il entre au service de la présidence de la République comme fonctionnaire. Jusqu'en 1989, il fait partie des « petites mains d'une conservatrice du musée du Louvre choisie par Mitterrand pour gérer les cadeaux de la présidence ». Et il s'écrie : « Cela reste du style ! »

Il passe un concours de maître ouvrier en montage et installation d'objets d'art et de présentation de documentation. Il valide ce qu'il aime faire par un diplôme : mettre en valeur. Il insiste avec chaleur sur l'importance qu'il donne à sa mission. À l'écouter, je me rends compte que Luigi se passionne pour tout un tas de sujets très divers : « J'ai joué de la trompette à la basilique de Saint-Denis et à mes heures perdues je copie du Soulages ou du Picasso. » Dans un roman, un film, il ferait un personnage de premier plan par son originalité.

Son père était fermier en Tunisie lorsque le pays était sous la botte de l'Italie fasciste au cours de la Seconde Guerre mondiale jusqu'à ce que Bourguiba l'en chasse. Luigi est né en Tunisie de nationalité franco-italienne. En 1966, il arrive en France et, à vingt et un ans, fait le choix de la nationalité française. Sa famille s'installe à Épinay puis elle déménage, toujours en banlieue parisienne, de Saint-Denis à Eaubonne en passant par Gonesse ou Aubervilliers. Marié, il a un fils qui se prénomme comme lui. Comme son père. Et son fils lui a dit que, s'il a un fils, il perpétuera la tradition.

Treize ans après son arrivée, Jacques Chirac le nomme responsable des cadeaux. Le service informatique de l'Élysée crée le programme ARTPAT, « Art et patrimoine », dans lequel il classe les informations relatives « aux cadeaux que le président et Madame reçoivent. C'est pour ça qu'il y a deux couleurs de classeurs ! » Emmanuel Macron est en bleu, son épouse Brigitte en vert.

« On offre de tout au président, jusqu'à des chevaux pour M. Chirac, des arbres, des biquettes ou des poules pour M. Macron. Les chèvres sont à la Lanterne, la basse-cour gambaderait dans les jardins, mais cela fait quelques jours qu'on ne l'a pas vue ! » Le chef de l'État, quel qu'il soit, reçoit au moins un ou deux cadeaux par jour venant de n'importe qui et du monde entier. De son côté, le président offre des présents seulement aux dignitaires qui le visitent ou qu'il visite. « Il remet souvent la même chose, toujours de l'artisanat français de pointe : Sèvres, Baccarat, Hermès, etc. »

Les cadeaux au président en poste sont stockés à l'Alma « sauf s'il veut en garder quelques-uns avec lui. Ils appartiennent tous à la présidence, pas à lui personnellement ». À la fin de son mandat, chaque président a la possibilité de les mettre en valeur. François Mitterrand a installé dans un ancien couvent le musée du Septennat à Château-Chinon où ils sont exposés. Après son second septennat, les présents ont été donnés à la ville de Jarnac. Jacques Chirac a fait construire son musée à Saran. Quant à Nicolas Sarkozy et François Hollande, ils n'ont rien prévu, alors « les cadeaux sont à la garde du Mobilier national à Paris ».

Parmi les présents qui sont passés entre les mains de Luigi, trois l'ont particulièrement marqué : « M. Chirac a reçu d'un enfant un petit pommier gravé dans une planchette de bois, cela m'a ému. Comme j'ai été émerveillé par un faucon offert à M. Chirac sculpté dans une veine de quartz rose, avec des yeux en diamant, les pattes en or ornées d'une chaîne avec encore des diamants. Ce cadeau au travail sublime et subtil provenait d'un pays du Golfe. Enfin, j'ai été touché par un tableau réaliste représentant Emmanuel Macron de trois quarts devant un drapeau français, une peinture aussi précise qu'une photo. Ce qui est bouleversant est que l'artiste qui a envoyé ce travail est un Brésilien inconnu, André Mauricio.

» Je récupère les cadeaux au secrétariat du président ou à celui de Madame, puis je les entrepose à l'Alma après avoir établi une fiche que je range dans un classeur.

» Les moments où je peux m'exprimer, comme les Journées du patrimoine, sont les plus forts de mes presque quarante ans d'Élysée. En coordination avec le cabinet du président, j'expose en les mettant en valeur les cadeaux que le chef de l'État a reçus dans l'année. » Luigi me montre comment il s'y prend, le temps qu'il y consacre, le résultat qu'il obtient, « et parfois même je répare les cadeaux ». Il aime ce qu'il fait. « On me fait confiance, c'est appréciable et essentiel. La clé de voûte, c'est la confiance, j'y ajoute la joie de vivre ! Je suis heureux d'être ici. » Cela se voit sur son visage.

Je lui demande si, au cours de cette vie passée à l'Élysée, il a eu une joie toute personnelle. « Oui. » Et, comme s'il était pris d'un excès de timidité, il parle de lui à la troisième personne : « Le petit Luigi a reçu un courrier du président, c'était sa nomination au grade de chevalier dans l'ordre national du Mérite sur son contingent personnel le 14 mai 2021. » Il est fier et presque gêné de me montrer la lettre encadrée par ses soins. Par sa finesse, le cadre semble s'effacer.

Je quitte à regret Luigi, je suis persuadé qu'il ne m'a raconté que le dixième de ce qu'il a vécu. En me raccompagnant dans son escalier biscornu, il me remercie, parce qu'« il est bon de se souvenir, cela nous donne une dimension humaine ».

Pas mieux. ◆

JULIETTE MAYRI
CONQUÉRANTE

Derrière la grande cuisine vide et rangée au sous-sol de l'aile ouest du palais, il y a une petite salle de repos. Il est un peu plus de 15 h quand j'y rejoins Juliette, la benjamine, à 29 ans, de toutes les personnes qui composent ce livre. Quand je le lui fais remarquer, elle me répond que le plus jeune en cuisine est un apprenti de 17 ans et que le plus âgé, un chef de partie, en a 61.

Originaire du Loir-et-Cher, elle débute la cuisine à 21 ans, « soit six ans après celles et ceux qui font leur CAP ». Elle passe un BTS Hôtellerie-restauration à Paris. En 2015, elle entre à 23 ans à l'Élysée en stage. « Au palais, on n'exige pas l'expérience pour offrir des opportunités de stage. » Puis, elle revient en extra pour les dîners d'État. « Au départ de la seule fille en cuisine, il y a deux ans, j'ai intégré les équipes. Le nouveau chef a la volonté de faire entrer plus de filles dans la brigade. Avec Chrystelle Brua, la cheffe pâtissière, nous ne sommes que deux femmes sur trente en cuisine.

» Ici, ce n'est pas comme dans un restaurant. On cuisine parfois pour 250 personnes. C'est presque de la restauration collective, mais d'excellente quantité. À la qualité de la gastronomie française s'ajoute la quantité d'un réfectoire d'école. Cela demande une préparation minutieuse. Et il faut respecter les traditions françaises, la cuisine bourgeoise, cela manque parfois de fantaisie mais c'est toujours très bon. Avec Macron, c'est plus moderne que sous Hollande où j'ai commencé. Jusqu'au dressage, dans les couleurs choisies, il y a plus de verdure. »

Juliette est directive et rapide. Elle n'a pas envie de perdre de temps. Ses réponses claquent, efficaces. « Ici, je ne suis que commis de cuisine. Tout en bas de l'échelle. D'ailleurs, je n'aime pas ce terme. Je préférerais que vous disiez de moi que je suis cuisinière ; même si ce n'est pas encore reconnu, il nous faut des initiatrices ! » Cette jeune femme pressée semble vouloir bouffer la vie par tous les bouts. « Apprendre à travailler sous la contrainte m'a coûté au début. Mais comme je suis très autonome de nature, on m'a laissé faire. »

À l'Élysée, elle vit des choses extraordinaires qui lui permettent de nourrir son savoir et de repousser ses limites, comme en 2019 : « Je suis partie en Côte d'Ivoire pour préparer le repas de Noël des troupes de l'opération Barkhane. Un buffet constitué de produits régionaux importés de France au milieu de l'Afrique ! Il y avait un pâté en croûte, de la volaille avec du gratin dauphinois et en dessert un gâteau au chocolat cuisiné sur place. Et au G7 à Biarritz, j'ai même cuisiné ! Je n'aurais jamais connu cela ailleurs. Toutes ces expériences m'enrichissent pour l'avenir. »

A-t-elle déjà œuvré pour le « privé », les appartements du président et de son épouse ? Il y a un majordome dédié (voir portrait de Jérôme Falconnet, p. 73) et quatre cuisiniers qui ne travaillent que pour la résidence présidentielle et les dépendances, comme la Lanterne ou le fort de Brégançon. Ils suivent partout le président, même chez lui au Touquet. Et parfois, ils embarquent Juliette : « Le soir, le "PR" dîne simple, le repas est préparé avant. Il réchauffe lui-même le plateau disposé dans le frigo. En mai dernier, à Brégançon, on a cuisiné pour le couple. Nous sommes entre nous. Les Macron ne sont entourés que par une dizaine de personnes qu'ils connaissent. L'ambiance est à la bonne humeur. En privé, ils ont le contact facile, mais pas au palais. Madame n'est descendue que deux fois dans la grande cuisine depuis son arrivée. »

« Quand on écoute les plus anciens, intervient un chef de partie qui s'est installé derrière nous, ils disent que la seule que l'on voyait partout dans le palais était Bernadette Chirac. Elle allait même jusqu'à éteindre les lumières des pièces vides. Elle a incarné ce lieu. »

Ambitieuse, Juliette veut se servir de son expérience actuelle pour nourrir ses plans d'avenir. Elle aimerait bien s'associer avec un maître d'hôtel du palais pour mettre au service de son projet l'efficacité élyséenne. « En 2030, j'aurai mon affaire ! Traiteur à emporter. Recette gourmande avec des produits régionaux et bio. Je suis très engagée dans ce combat ; nous, les cuisiniers, nous avons une vraie responsabilité. Il faut que cela soit bon pour tout le monde : soi-même et la planète. Je veux un vrai service sur place comme la Boucherie Grégoire à Paris. J'ai besoin de liberté. » Elle s'exprime avec un sourire aux lèvres. Son regard me transperce comme si elle se projetait déjà. ◆

FABIEN LEFÈVRE
LUCIDE

C'est mon premier rendez-vous à l'« Alma », une dépendance de la présidence située au 11 quai Branly. Je suis passé devant ce bel immeuble un nombre incalculable de fois sans en connaître la nature. Dans la cour, je remarque des vélos électriques aux couleurs de la présidence. « Ils servent à faire la navette entre ici et Évreux », me dit-on. Les gens de l'Élysée ont surnommé le palais « Évreux », du nom de l'hôtel particulier bâti en 1720 pour le comte d'Évreux et que le premier président de la République, Louis-Napoléon Bonaparte, adopta comme résidence en 1848.

Sans vocation particulière et sans formation, Fabien Lefèvre incorpore la marine en 2009, il n'a pas vingt ans, et il se spécialise en informatique pour laquelle il montre des dispositions. Il sert à Cherbourg, puis au ministère de la Défense parce qu'il est devenu virtuose dans le domaine des nouvelles technologies. En période électorale, de nombreux conseillers quittent le palais pour accompagner le candidat-président dans sa campagne. Ce fut le cas en 2012 pour Nicolas Sarkozy. Afin que l'administration tourne quand même, les conseillers partis faire campagne sont remplacés par des militaires en attendant le verdict des urnes. Fabien est détaché à l'Élysée.

Il a vingt-deux ans quand il pénètre pour la première fois à l'Élysée. Son premier jour est proche du bizutage.

« Je suis fier et impressionné par l'institution. J'y suis arrivé sur ordre. Un gradé m'a dit : "Lundi tu es attendu à l'Élysée, tu dois porter un costume et une cravate, fini le pompon. Tu vas y rester trois mois." Je n'ai pas été choisi pour mes compétences, mais pour ma capacité à être courtois et à me fondre dans le décor. Le diplôme essentiel : la politesse. À l'Élysée, on ne cherche pas des compétences, on cherche des profils », complète-t-il.

À peine a-t-il débarqué qu'on l'envoie dans le bureau du président pour mettre à jour un iPad, et il tombe sur lui : « Sarkozy, je ne l'ai vu qu'une seule fois et je me suis fait engueuler parce que son iPad ne fonctionnait pas. Il était nerveux. Ma seule fois. » Du regard, il semble me dire « et c'est mieux ainsi ».

L'informatique en ce début d'année 2012 était montrée du doigt comme un risque. L'Élysée vivait un moment de tension provoqué par un très important hacking. Ce n'est qu'avec François Hollande que les grands

“ Le palais n'est pas très grand mais il est classé. Il a fallu trouver des astuces pour cacher les serveurs dans les plinthes des couloirs. L'Élysée a les contraintes d'une multinationale avec les ressources d'une PME. Tout a été réalisé en interne avec les moyens du bord.

travaux numériques ont commencé. Pendant trois ans, Fabien participe au câblage classé secret-défense. « Le palais n'est pas très grand mais il est classé. Il a fallu trouver des astuces pour cacher les serveurs dans les plinthes des couloirs ou d'autres endroits étonnants comme les faux plafonds. L'Élysée a les contraintes d'une multinationale avec les ressources d'une PME. Tout a été réalisé en interne avec les moyens du bord.

» Hollande a joué le jeu. On a travaillé dans le bureau du président pour installer un câblage. Pendant quelques semaines, Hollande s'est assis ailleurs. Le bureau a été entièrement refait. Une tradition existe chez les parquetiers qui est de cacher la une d'un quotidien du jour sous le parquet quand le chantier s'achève. La précédente datait de 1965 ! En 2015, ils ont choisi la une qui allait être scellée sous les pieds du président. Ils ont même convoqué une réunion pour sélectionner la une emblématique qui ne sera découverte que par les prochains parquetiers ! »

Ce talonneur de l'équipe de rugby de l'Élysée a vécu les changements que le numérique a suscités au sein du palais et pour le président. Son rôle de chef de projet est de répondre aux besoins informatiques qui vont du câblage à la formation, de concevoir les plateformes de demain. Entre le premier cercle de Nicolas Sarkozy, celui de François Hollande et celui d'Emmanuel Macron, les mentalités ont évolué. Les collaborateurs

d'Emmanuel Macron utilisent le numérique tous les jours et notamment les réseaux sociaux. En 2012, nombreux au sein du personnel de l'Élysée étaient proches de la retraite : « On leur imprimait les mails ! » En racontant ces mutations, Fabien évoque la polémique qui pointait du doigt le manque de modernité du président de la République française qui ne disposait pas d'un ordinateur sur son bureau : « Aucun président, même Obama, n'a d'ordinateur près de lui. Je ne sais pas ce qu'il en ferait ! Pour des raisons de sécurité et de gain de temps, tout leur est préparé en amont. » (Voir portrait de Régis Messmer, p. 93.)

François Hollande, « on pouvait lui parler, aujourd'hui, avec Macron, c'est plus difficile d'avoir un contact direct parce que mon poste est loin de lui. Et les gens sont de plus en plus technophiles, j'ai moins besoin d'expliquer. On est passé de l'expression de besoins à des demandes de moyens. L'informatique redevient un simple outil et retourne à la cave de laquelle on l'a sortie au début de la révolution numérique ».

Fabien souffre d'être loin d'Évreux. « J'ai quitté un bureau prestigieux donnant sur la cour d'honneur pour l'Alma. Quand on est au cœur, on perçoit mieux les signaux faibles. » Les serveurs et tout le système informatique se trouvent quai Branly, à deux kilomètres du palais. « On en est un peu réduits à ne plus faire que de l'exécution. »

La lucidité caractérise Fabien quand il narre son quotidien : « Il n'y a pas de lien transversal technique avec les ministères par souci d'indépendance en cas de cohabitation. On pourrait se brancher sur tel ou tel outil informatique des autres institutions gouvernementales, notamment celui de l'Intérieur, en face de l'Élysée. On doit réinventer la roue pour garder notre autonomie. Notre budget est faible, la priorité est donnée à celui de Matignon qui gère le quotidien des Français. C'est dommage qu'il n'y ait pas de logique gouvernementale d'ensemble dans ce domaine. Cela nous ferait faire des économies de temps et d'argent. »

Je vois dans le regard de Fabien une forme de lassitude due aux combats passés pour faire avancer ses convictions. Je lui demande ce qu'il retire de ces dix années à la présidence : « On a l'impression de travailler pour la France alors qu'en fait on travaille pour un homme. C'est sans doute pour ça que les projets de restructuration passent après. On est toujours dans l'urgence du président. Et puis la pandémie est arrivée, alors on a eu besoin de l'informatique pour mettre en place les téléconférences et le télétravail, je suis redevenu important. »

Ce jeune père de quatre enfants me remercie de mettre en lumière tous les talents de la première maison de France. « C'est très difficile de concilier vie professionnelle et vie personnelle. À part le cocon familial et le boulot, je n'ai plus d'activités en dehors. En général, on reste là cinq ou six ans. J'en aurai accompli douze en 2024, j'aurai trente-cinq ans, je changerai de vie, ce sera la fin de ma mission ici. Après douze ans, je peux constater le fruit de mon travail. J'ai beaucoup donné, j'ai beaucoup reçu. Les années comptent double à l'Élysée. Même si j'aurais dû mieux travailler à l'école, je suis passé de simple petit matelot à cadre supérieur. Par mon travail et ma découverte tardive du goût de l'effort, j'ai bénéficié de la méritocratie républicaine, c'est un motif de fierté. » ◆

“ Aucun président n'a d'ordinateur sur son bureau. Pour des raisons de sécurité et de temps, tout est préparé en amont.

MARIE-CHRISTINE L.
CARACTÈRE

Quand elle prend place en face de moi, Marie-Christine revient de la réception des joueurs de l'équipe de France de football par le président Macron. Quelques jours auparavant, le président a reçu une baffe, et « les gardes du corps font un peu la gueule en ce moment », me glisse Ismaël qui organise mes venues au palais. Je demande à Marie-Christine comment elle a trouvé les footballeurs. « Je ne les ai pas vus, me répond-elle sèchement, je suis restée avec une partie de l'équipe de sécurité. »

Marie-Christine me jauge, m'épie, j'ai l'impression qu'elle se méfie de moi. Elle commence à se détendre quand je lui révèle que j'ai fait mon service militaire à l'Élysée et que je ne suis pas journaliste, que j'écris un livre.

« Je suis arrivée à l'Élysée un peu par hasard. Je suis originaire de Grenoble, mon père était militaire. Je voulais entrer dans la police scientifique. Après une maîtrise de biologie, j'ai débuté dans le privé, mais ce n'est pas ma mentalité. Je veux travailler dans un but précis et pour la collectivité, pas pour des intérêts particuliers. » Alors elle passe le concours de la gendarmerie. Elle termine major des femmes et quatrième du classement général, sans avoir le bagage militaire de certains hommes.

Son commandant de compagnie lui propose de participer aux tests de l'Escadron parachutiste d'intervention de la Gendarmerie nationale (EPIGN) pour intégrer le groupe « observation-recherche » (renseignement, filatures, etc.). Elle rejoint ce corps d'élite et le Groupe de sécurité de la présidence de la République (GSPR) en 2004 à vingt-six ans. L'EPIGN est supprimé en 2007 pour être inclus dans le nouveau GIGN. « Sarkozy a dissous le GSPR parce qu'il ne voulait pas de gendarme dans sa garde rapprochée en quittant le ministère de l'Intérieur pour entrer à l'Élysée. Puis Hollande est revenu à une parité police-gendarmerie. Je reste à la force "observation-recherche" du GIGN. C'est un outil technique de quête d'indices pour les enquêteurs qui montent un dossier contre divers individus. » Elle est nommée à la direction des opérations. « Puis j'ai postulé pour être officier. Avec succès. Mais j'ai renoncé, finalement, car les conditions n'étaient pas conciliables avec ma vie de couple. Enfin, en novembre 2020, je suis prise au GSPR pour assurer la protection du président et faire en sorte que ses déplacements se passent sans encombre. Il doit toujours être en sécurité. »

Marie-Christine se détend devant mon écoute attentive. Je crois même avoir décelé un sourire ou deux.

Elle est entrée à l'Élysée le 2 janvier 2021, c'est la plus jeune dans la maison que je rencontre pour cette série de portraits. « J'ai beaucoup d'appréhension, parce que je quitte un métier que je maîtrise pour un que je ne connais pas. Et je suis intimidée par le lieu. »

Elle commence par occuper le poste de « précurseur ». « Les précurseurs vont installer les éléments sur le terrain en amont de la visite. Ensuite, avec l'arrivée du "PR", "la suiveuse" se trouve devant la technique dans le convoi. Elle se met en position de sécurité rapprochée avec le siège du président. Rien n'est improvisé. » Quelque peu décontenancé par son jargon, je comprends que je n'en saurai pas plus sur les détails qui entourent la sécurité du chef de l'État. J'ai fini par comprendre qu'elle me parlait des équipes qui entouraient le président et que le siège était le garde du corps qui s'installe dans la voiture du président devant lui.

Elle a été sélectionnée pour devenir « encadrante ». « C'est la logique pour un major dans la gendarmerie. » Cependant son rôle purement militaire a dû évoluer : « Un militaire fait ses preuves sur le terrain, il n'y a pas à tergiverser. Aujourd'hui, je dois composer parce que je suis en contact avec des militaires et des civils avec lesquels je collabore. » Cela oblige à s'adapter pour que le lien puisse se nouer. Son passé militaire lui a appris à aller droit au but. Saura-t-elle gagner en souplesse ? C'est tout le paradoxe de cette femme au parcours brillant dans un univers très masculin qui manque parfois de finesse. Comment va-t-elle se réinventer pour s'adapter à ce monde tout en rondeurs et en nuances ?

Il n'y a que 10 % de femmes au GSPR depuis 2020. Il n'y en avait pas avant. « Aujourd'hui, une femme fait plus facilement sa place. Quand je suis rentrée à l'EPIGN, nous étions deux femmes. Nous n'étions pas aussi bien acceptées. C'était difficile. À l'Élysée, une telle discrimination est moins sensible.

» Mon travail précédent me procurait beaucoup d'adrénaline parce qu'il fallait être réactif, à présent, ce sont des tâches de préparation, très méthodiques, c'est plus calme, je suis plus dans la vigilance que dans l'action. » Après un silence, elle reprend : « Aller au Rwanda pour préparer un voyage officiel et accompagner le "PR" ensuite, c'est aussi pour ce genre de mission que je me suis engagée. »

“ Un militaire fait ses preuves sur le terrain. Il n'y a pas à tergiverser. Aujourd'hui, je dois composer parce que je suis en contact avec des militaires et des civils avec lesquels je collabore.

Marie-Christine s'ouvre à sa vie personnelle : « Mon conjoint est dans une équipe d'intervention. Nous ne nous croisons pas beaucoup. » Elle en sourit, mais je vois bien qu'elle préférerait être plus souvent avec lui. « Si j'avais eu des enfants, je n'aurais pas postulé, avec nos métiers, nous n'aurions pas pu les élever avec l'amour nécessaire. »

Au GIGN, à cinquante ans, on doit prendre sa retraite. Il lui reste quelques petites années. Quels sont ses projets d'après ? « Dans mes montagnes avec mes chèvres ! lance-t-elle avant d'ajouter : Le milieu associatif me tente beaucoup, les enfants handicapés et le "vivre ensemble". Avec la Croix-Rouge aussi. Il y a beaucoup de gens formidables qui ont besoin d'être aidés. »

Marie-Christine a demandé à lire son portrait avant publication. Sa condition pour participer au livre. C'est la seule à avoir formulé cette demande.

Je me suis exécuté. Après lecture, elle m'a dit : « J'espère avoir été comprise. »

Par moi, oui, j'ai découvert la femme derrière la gendarme exemplaire. ◆

ÉRIC PLAZANET
LES OREILLES ET LES YEUX

Pour accéder au bureau du major Éric Plazanet, il m'a fallu emprunter plusieurs couloirs de moins en moins éclairés et toquer à une porte ultra-blindée. Le major est le chef de la sécurité intérieure. Dans son double bureau bas de plafond qu'il partage avec son adjoint, il y a des armes rangées autour de nous et des documents sensibles. Pendant notre entretien, le bruit de la soufflerie qui rafraîchit les serveurs nous tient compagnie.

Éric a étudié le droit à Montpellier, avant d'intégrer un régiment d'infanterie à Metz. En réussissant le concours de la gendarmerie dans un bon rang, il a pu choisir son affectation : la Garde républicaine. Il commence dans l'équipe légère d'intervention (ELI), un groupe départemental comparable à la BAC chez les policiers.

En 2004, à 37 ans, Éric répond à un appel de poste à l'Élysée. L'adjoint de la sécurité s'en va. « L'Élysée... le premier jour... j'ai eu le cœur qui palpitait fort. Je suis passé d'une ambiance militaire à une situation étonnante où je dois obéir aussi bien à des militaires qu'à des civils. » Éric se confie difficilement. Avec peu de mots. « Ma mission est d'assurer la sécurité du président et de son entourage au sein du palais et dans tous les murs présidentiels. Les gardes républicains s'occupent des palais nationaux. J'ai une cinquantaine de collaborateurs. »

En 2013, il devient responsable de la sécurité intérieure de la présidence de la République. Bien sûr, quand le palais ne reçoit pas, la sécurité est moins sévère que lors des garden-parties du 14 juillet où le président accueillait plusieurs milliers d'invités ou lors des célébrations de grands événements comme la Coupe du monde de football ou la Fête de la musique.

« On n'approchait pas comme ça Mitterrand, il avait formé une bulle autour de lui qui le protégeait, il fallait demander la permission. Chirac, c'était tout le contraire, il aimait le contact, Hollande aussi. Sarkozy a arrêté les garden-parties, il n'y a pas eu de Français à l'Élysée pendant son mandat, sauf lors de son premier 14 juillet. Macron, il est plus comme Chirac et Hollande. Il aime aller à la rencontre des gens. C'est toujours un exercice difficile pour nous quand le président se noie dans la masse. Il faut le protéger tout en le laissant se mêler à la foule des citoyens présents dans le palais, sans filtre. Au sein de l'Élysée, le président est toujours suivi au minimum par l'"épaule", le garde du corps qui se tient "derrière

son épaule" (voir portrait de Mike, p. 159). Pendant ces moments festifs, on peut dénombrer plus de dix agents autour de lui disséminés parmi les convives. Dans ces cas-là, il faut savoir rester discret et à sa place… ce n'est pas facile. »

Grâce à un système de surveillance très sophistiqué, Éric peut savoir ce qui se passe dans le moindre recoin du palais. Il connaît en permanence la position du couple présidentiel. « Mon action s'arrête quand le président dort ou quand il sort. Et même dans ces cas-là, nous avons des agents en veille. »

La mission d'Éric est de nature très secrète, il ne me délivre aucune information sensible et se garde d'exprimer toute émotion. Pourtant, il sort de sa réserve en me racontant ce « moment fou » de janvier 2015 quand tous les chefs d'État et de gouvernement sont venus à Paris pour Charlie. « Nous avons été prévenus à la dernière minute, nous avions quarante-huit heures pour tout préparer en tenant compte de toutes les contraintes imposées par chacune des autorités. La sécurité de la chancelière allemande n'est pas la même que celle du Premier ministre israélien. Il a fallu trouver des solutions, s'adapter, contenter tout le monde sans nous laisser déborder. La tension était palpable. Nous n'avons pas dormi pendant plusieurs jours. »

Éric s'anime en revivant cet épisode, il agite les bras pour souligner les détails de ce dispositif exceptionnel. Autant de personnalités présentent par solidarité ne s'était jamais vu. « Et espérons que cela ne reviendra plus… »

Il me lâche, amusé : « Quand le président Hollande accueillait les autorités, je me tenais à côté de lui. Je lui soufflais à l'oreille les noms et qualités des personnalités qui sortaient des véhicules officiels. » Le ballet des voitures était incessant. Le point de ralliement avant d'embarquer tout le monde dans les cars pour le défilé était l'Élysée. Tous les services du palais se sont mobilisés pour traiter chaque dignitaire comme s'il était en visite d'État. « Il fallait les occuper correctement, c'est la France qui recevait ! »

Dans cinq ans, ce père de deux grands enfants prendra sa retraite. « J'aurai passé plus de vingt ans à l'Élysée et vécu cette magie que les jours se suivent mais ne se ressemblent pas. Je ne me suis jamais ennuyé, sauf pendant la pandémie. L'inactivité nous rongeait. Nous passions parfois des heures à ne voir aucun mouvement sur nos écrans de surveillance. Cela ne m'empêchait pas d'arriver le matin en sifflotant… » ◆

VIRGINIE ROUTIS
À LA CAVE

Quand est arrivé le SMS fixant mon rendez-vous avec Virginie Routis, sommelière, je me suis souvenu que lorsque je faisais mon service militaire à l'Élysée, la cave faisait partie des endroits où il n'était pas rare que nous nous retrouvions à quelques-uns. Bien sûr, nous venions là pour aider le sommelier de l'époque.

En suivant Virginie dans le dédale du sous-sol, je me suis vite rendu compte que l'ambiance n'était plus la même, surtout quand elle a sorti une carte magnétique afin d'ouvrir une porte blindée surveillée par une caméra. Le temps où nous cassions des bouteilles « par maladresse » était bien loin…

Pour qui aime le vin, la cave de l'Élysée, créée en 1947 sous Vincent Auriol, est un petit paradis de deux salles voûtées renfermant treize mille bouteilles venant de tous les coins de France. En très petite minorité, sont aussi stockés là des liqueurs et des vins étrangers offerts au président.

Virginie travaille au Bristol auprès du chef Éric Frechon quand, en 2007, un de ses anciens collègues lui propose de le rejoindre à l'Élysée pour prendre un poste de sommelière. « Le 10 septembre 2007, mon premier jour d'activité, je suis nerveuse. Même si j'étais dans un palace auparavant, il y a une pression supplémentaire parce qu'on sert le "PR", même s'il ne boit pas de vin ! » En effet, Nicolas Sarkozy ne consomme pas d'alcool, alors que « Madame Chirac descendait souvent à la cave pour choisir le vin pour son mari, m'a-t-on raconté ! MM. Hollande et Macron sont amateurs de vin et apprécient quand c'est bon ! ». Elle me raconte que si elle ne sert pas dans les appartements privés, elle y apporte des bouteilles assez régulièrement. La gestion se fait par le majordome du président.

La cave peut parfois alimenter de mauvaises rumeurs. Sous Hollande, un député à cheval sur les dépenses du palais révèle qu'à la table du président sont servis des vins hors de prix. La réponse à cette polémique est de vendre. Les 30 et 31 mai 2013, une vente aux enchères des vins de l'Élysée est organisée chez Drouot. « 1 200 bouteilles ont été proposées. Des vins prestigieux qu'on ne peut plus servir parce que la valeur de la bouteille était telle que ça ferait scandale si ça sortait dans la presse. » Les enchères s'envolent à sept cent dix-huit mille euros, plus du double des estimations. Les acquéreurs ont expliqué lors d'interviews qu'une bouteille venant de la cave de l'Élysée n'a pas de prix. Cet argent permet

“ J'ai instauré les dégustations au palais. Deux à trois fois par semaine, je fais venir des viticulteurs dans mon bureau. Je ne fais rien dans la cave pour préserver la confidentialité du lieu. Les producteurs sont toujours heureux de venir me voir.

à Virginie d'apporter de la diversité à la cave constituée en majorité de bourgognes et de bordeaux. « Je veux que tous les vignobles de France soient représentés », proclame Virginie.

Elle est la seule sommelière de l'Élysée. Elle fait appel à des extras pour l'aider lors de réceptions importantes. Elle gère de « l'achat au service en passant par le réassort. J'ai instauré les dégustations au palais. Deux à trois fois par semaine, je fais venir des viticulteurs dans mon bureau. Je ne fais rien dans la cave pour préserver la confidentialité du lieu. Les producteurs sont toujours heureux de venir me voir, précise-t-elle avec un sourire. Je n'en connais pas un qui n'ait pas été content de venir ». Elle me dit même que souvent ses invités demandent à faire une photo sur le perron.

« J'ai eu une montée de stress une fois. Quand j'ai servi la reine d'Angleterre. On m'avait prévenue que je ne devais ni la toucher, ni même la frôler ! J'ai atteint un niveau de pression que je n'ai jamais connu depuis. »

Je reviens sur cette histoire d'enchères l'air de rien en lui demandant de me parler des vins de la cave et de sa vie. Je veux savoir comment a évolué l'endroit : « Le plus vieux date de 1906, c'est un château Rieussec, un sauternes. Il se boit encore ! C'est devenu du caramel, mais j'aurais sûrement des difficultés pour le déboucher. Mon premier coup de cœur a été une infidélité à mon Bordelais natal, un chassagne-montrachet de chez Jean-Noël Gagnard. » Elle complète ses coups de cœur par « un cornas de chez Claudia et Laurent Jaboulet, une toute petite exploitation. Le jus reste trente-deux mois en fût et ce vin est parfait sur de l'agneau ou un gibier ». Virginie me donne faim et soif. Les yeux de cette passionnée pétillent et invitent à explorer cette cave et ses trésors, et surtout d'apprécier la richesse viticole française.

« J'ai eu la chance d'accompagner Emmanuel Macron en Australie en 2018 pour représenter avec le chef Serge Vieira la gastronomie et l'œnologie françaises. C'était un honneur d'être la porte-parole de la France du vin. J'ai d'ailleurs découvert de jolies choses là-bas, alors j'ai profité de l'avion de retour pour rapporter une ou deux caisses de vin local. »

Parvient-elle à concilier sa passion avec une vie de famille ? « J'ai un super mari. Il est pâtissier à l'Élysée. » Elle me confie que c'est elle qui l'a présenté au chef quand une place s'est libérée.

En sortant de la cave, je remarque une enceinte de chaîne hi-fi. À mon époque, nous montions le son quand nous aidions le caviste, tard le soir… Virginie dans un sourire me dit toujours travailler en musique.

En montant les marches et en laissant derrière moi mes souvenirs, je l'interroge sur son avenir. « J'ai des envies de consulting dans le monde du vin, créer des caves pour des particuliers souhaitant découvrir les viticulteurs de France qui produisent des joyaux… » Qui n'est pas d'accord avec ça ? ◆

ANTOINE SANSON
SUR LE TERRAIN

En entrant dans le bureau d'Antoine, je repère une photo sur un mur. C'est une mise à l'alignement des gardes républicains lors des honneurs dans la cour. « C'est un cliché de Soazig de La Moissonnière, une des photographes du président. »

Sur les huit cents personnes qui travaillent à l'Élysée, la DIROP, la direction des opérations, en compte trois cents. Elle gère les déplacements, l'intendance, les cuisines, etc. Elle s'occupe de tout. Le directeur des opérations dont dépend Antoine est consulté en permanence par le président. Antoine, comme ses prédécesseurs, est une des pierres angulaires du quotidien du chef de l'État.

Avant l'Élysée, Antoine était responsable logistique et technique dans l'agence événementielle qui organise Japan Expo, une manifestation qui voit passer deux cent cinquante mille visiteurs en quatre jours. Puis un ancien militaire reconverti qui faisait partie de ses équipes a été recruté par la présidence et, quelque temps plus tard, il propose à Antoine de le rejoindre.

Son aventure au palais commence le 15 juillet 2015 en tant que coordonnateur événementiel, il doit apprendre à être en relation avec tous les services. « J'ai dû vite comprendre tous les codes parce qu'ici, cela ne s'arrête jamais ! Un événement chasse l'autre. Le conseil des ministres est un événement du quotidien. Il faut s'adapter et anticiper tous les jours. »

À peine arrivé, il croise le président Hollande lors de la visite du chef d'État mexicain, il comprend aussi que l'événementiel à l'Élysée est un « grand Tetris et que la relation humaine dépasse les procédures ».

Antoine est posé, il mesure ses mots. Les mains souvent jointes, il prend le temps d'expliquer avec un luxe de détails, se montre didactique. Je lui en sais gré, car j'imagine la tempête sous son crâne : « Bon, après lui, j'ai ça, ça et ça à préparer… »

» À l'Élysée on se surpasse en permanence. C'est la nature de la mission qui veut ça, tout doit être impeccable. Tous les présidents ne sont pas comme Emmanuel Macron, aussi actif, aussi soucieux du détail. Si les Journées du patrimoine exigent plusieurs mois de préparation, la machine est rodée, alors que la première manifestation du « Fabriqué en France » a été accouchée dans la douleur parce qu'on ne savait pas par quel bout la prendre. Aujourd'hui, nous sommes au point et la deuxième édition a été beaucoup plus simple à préparer.

» Nous sommes pressés par l'actualité. Avant cette présidence, nous

« J'ai dû vite comprendre tous les codes parce qu'ici, cela ne s'arrête jamais ! Un événement chasse l'autre. Le conseil des ministres est un événement du quotidien. Il faut s'adapter et anticiper tous les jours.

« À l'Élysée on se surpasse en permanence. C'est la nature de la mission qui veut ça, tout doit être impeccable.

avions plus de temps pour bien faire les choses. Il y avait moins d'événements. Le Noël de l'Élysée est passé de dix jours de montage à un jour et demi. » Et il ajoute, un sourire dans la voix et l'œil pétillant : « Mais je continue d'aller choisir moi-même le sapin dans le Morvan en novembre. »

Dès qu'un événement accueille du public, il faut prévoir l'improbable. Par exemple, « en 2018, juste après le 14 juillet, le président a décidé de fêter au palais la victoire en Coupe du monde de football. Nous avons dû prévoir des crash barrières pour protéger les joueurs de la foule, mais aussi des toilettes et une caravane sanitaire que nous avons dissimulée derrière la salle des fêtes et dans la cour. On a même monté une nurserie pour éviter que des parents changent leurs enfants sur les marches du perron », et là, très fier et amusé, il ouvre un placard et me montre les lits de change.

En 2019, Antoine est promu à la tête de la production des événements. Il dirige une équipe de trente-trois personnes. Il est encore plus occupé qu'avant, il précède notamment le président pour tous ses déplacements en participant aux missions préparatoires sur le terrain.

« On vit avec des changements de procédure continus. Tout devient un sujet : où va déjeuner le président, avec qui et comment ? Dans un salon, dans son bureau, dans le jardin ? Avec ou sans nappe ? Avec ou sans traducteur ? Chaque détail doit être pris en compte pour toujours être proactif. Je ne fais pas cela seul. En plus de mon équipe, tous les services interagissent. Nous nous parlons beaucoup et allons à l'essentiel. Tout tourne autour de l'activité du président. Quand le président est peu partie prenante, nous nous organisons différemment. Mais on y arrive toujours, même si parfois il y a des incidents comme lors du premier "Fabriqué en France" où on a laissé un container dans la cour alors que le chef d'État du Mozambique, accueilli comme il se doit, sur le perron par le président, recevait les honneurs des gardes républicains. »

Quand il est question de sa vie personnelle, Antoine me confie que sa vie de couple est compliquée. « J'ai du mal à m'extraire de mon boulot, à me rendre disponible. » Pourtant, sa femme et lui ont décidé d'avoir un enfant. « Nous avons eu des jumelles ! s'amuse-t-il. Cela n'a pas calmé les choses, mais nous tenons bon. »

Je l'interroge sur la photo qui s'affiche sur le mur. « Ce que j'aime, dans cette photo d'alignement, c'est la précision et la rigueur du moment.

La seconde d'avant ou la seconde d'après, elle n'aurait plus rien à voir, cela me plaît. » Cette photo lui va bien.

A-t-il une dernière chose à ajouter ? « Oui, nous avons une obligation, c'est d'être à la hauteur de l'admiration qu'on lit dans les yeux des gens quand on leur dit qu'on travaille à l'Élysée. Il faut garder cette flamme en nous. » ◆

« On vit avec des changements de procédure continus. Tout devient un sujet : où va déjeuner le président, avec qui et comment ? Dans un salon, dans son bureau, dans le jardin ? Avec ou sans nappe ? Avec ou sans traducteur ? Chaque détail doit être pris en compte pour toujours être proactif. Je ne fais pas cela seul. En plus de mon équipe, tous les services interagissent. Nous nous parlons beaucoup et allons à l'essentiel. Tout tourne autour de l'activité du président. Quand le président est peu partie prenante, nous nous organisons différemment.

FLORENCE BRETEAU
CONSTRUITE

Florence vient me chercher au milieu des graviers de la cour de l'Alma. Nous entrons dans un bâtiment qui sent le neuf. Elle n'a pas de tenue particulière et porte des vêtements décontractés : « Je suis tout le temps sur des chantiers, alors je fais simple. »

Florence est ingénieur en bâtiment et en acoustique du bâtiment. « J'ai vu une annonce sur le site Place de l'emploi public ; je ne suis pas fonctionnaire mais je travaillais dans un établissement public, le Conservatoire national supérieur de danse et de musique de Paris. On demandait un responsable du département de travaux à la présidence de la République. Cela m'a attirée. Au pire, me suis-je dit, je passe un entretien à l'Élysée et c'est marrant ! L'entretien a eu lieu le 21 décembre 2017, le jour de l'anniversaire d'Emmanuel Macron. Je ne suis pas prise, mais on me dit qu'on me recontactera parce que l'équipe a besoin d'être renforcée. Ce genre de phrase passe-partout qu'il ne faut jamais croire... Et puis trois semaines plus tard, je reçois un coup de fil qui me demande quand j'arrive ! »

Florence est très excitée par cette proposition d'emploi auquel elle n'a pas postulé et devant cette nouvelle vie qui commence. Elle signe pour un contrat à durée déterminée de trois ans, reconductible une fois. Elle est l'adjointe de la personne avec laquelle elle était en concurrence pour le premier poste. Le budget des travaux est de deux millions d'euros par an. « Ce n'est vraiment pas beaucoup pour réaliser les tâches nécessaires dans toutes les résidences de la présidence. Sauf pour l'Élysée dont les murs appartiennent au ministère de la Culture qui en a la responsabilité. Le palais est comme une location.

» Le premier jour, je me suis dit que je ne reviendrais pas le lendemain parce que j'avais un tout petit bureau mal fichu. L'informatique n'était pas au niveau de ce que j'avais connu. J'avais un sentiment d'oppression. Et puis j'ai visité le palais et j'ai compris mon privilège. Cela valait bien quelques sacrifices.

» J'ai découvert la façon dont les gens se comportent entre eux à l'Élysée. J'ai réappris la politesse. » La courtoisie est une caractéristique majeure des habitants du palais. Sans doute leur permet-elle de travailler ensemble. Cette attitude partagée incite au calme, à la pondération et à la mesure du temps.

Elle a été en charge de la rénovation de la salle des fêtes qui a tant défrayé la chronique par son coût. Il fallait tout transformer en quarante jours. Cent cinquante artisans français ont travaillé de fin novembre à mi-janvier 2019 pour restaurer un espace de mille mètres carrés. Les derniers travaux remontaient aux années 1980 et la moquette avait été changée en 2007. « La pression était forte parce que cette salle est le cœur du palais. D'habitude, il s'y déroule trois événements par semaine… Personne n'y croyait, et pourtant nous l'avons fait. La réussite a peut-être été aidée par ma facilité à établir le contact avec les gars du chantier. J'aime créer un groupe, une cohésion, une dynamique. J'ai conduit également le chantier de l'Alma. Il y a eu huit mois d'études et un an et demi de travaux, pour un budget de quinze millions d'euros… endossé par nos amis de la Culture. Et je m'occupe aussi du déménagement de la crèche qui va quitter le 14 de la rue de l'Élysée pour s'installer ici. »

La nature de son poste la tient éloignée du président. Elle ne le voit jamais, sauf « aux vœux, une fois par an. Le plus haut dans la hiérarchie à qui j'ai affaire est le directeur général des services ». Elle n'appartient pas au monde politique, et elle se demande si elle peut tirer profit de la marque Élysée : « Cela peut faire peur à un recruteur qui pourrait craindre un engagement politique ou des exigences particulières. » Et elle ajoute : « Si je travaillais pour un président que je ne peux pas supporter, je ne resterais pas. » Cette Angevine de trente-six ans termine son second CDD de trois ans. Et si elle avait une baguette magique pour choisir son travail idéal ? « Bâtir une salle de concert ! » me répond-elle sans hésiter. Là encore, elle est cohérente. ◆

LAURENT BLEVENNEC
SANS FLASH

Depuis la présidence de Nicolas Sarkozy, l'image est devenue centrale. La popularisation des réseaux sociaux pendant le quinquennat de François Hollande a encore augmenté le besoin de montrer. Fort de ce constat, j'ai demandé à rencontrer un des photographes officiels de l'Élysée.

Après des études de photographie, Laurent intègre la gendarmerie après un concours. Pendant quelques mois, il stationne en tenue au palais de justice de Paris sans grand enthousiasme. « Après six mois peu excitants, mon supérieur me convoque et me propose de rejoindre le service photographique de l'Élysée. Je n'ai passé aucun examen, aucun entretien. Simplement un ordre. Il savait que j'avais fait des études de photo ! »

Il rejoint en mars 2000 une équipe composée d'un chef de service, de quatre photographes et d'une assistante. « Ça m'a fait bizarre de rentrer au palais. Je suis issu d'une famille modeste d'Épinay. Mes parents ont divorcé, je suis parti vivre dans le nord de la France. Et me retrouver là m'a impressionné. Pendant les quatre premiers mois, je travaille en doublure d'un photographe. L'important, à l'Élysée, est d'apprendre à connaître les gens et se faire connaître d'eux. Un peu comme dans une famille nombreuse. » Après deux ans avec le statut de gendarme, il se voit proposer par Claude Chirac de devenir civil avec un contrat à durée déterminée. Il basculera en contrat à durée indéterminée sous Nicolas Sarkozy.

À chaque président sa relation à l'image.

Sous Jacques Chirac, le président est régalien. « Que des photos du "PR" et de la Première dame. Je ne shoote pas les à-côtés ni les coulisses. Les clichés sont destinés aux archives, et, après développement, au site Web. Tout était très long. Je partais en reportages avec deux bananes, une pour les pellicules vierges et l'autre pour les consommées. Le bon temps de l'argentique ! En 2004, je suis passé au numérique. »

Sous Nicolas Sarkozy, le chef de l'État n'est plus seul. « Il y a une montée en puissance. Je me concentre sur le président, ses conseillers et les métiers visibles de l'Élysée. Que les collaborateurs du "PR" figurent sur les photos est une petite révolution de palais. Je ne pouvais rester avec le président que le temps de la pose, avec mes collègues de la presse. C'est sous cette présidence qu'on abandonne le flash. »

Sous François Hollande, le président se veut accessible, voire « normal ». « L'arrivée de Stéphane Ruet, expert en communication, modifie

" *Lors de l'attentat du Bataclan, le pire était de voir le visage interdit, vide des gens sous le choc. Là, j'ai oublié mon appareil photo.*

notre relation au temps. Les images deviennent des informations en continu. Il faut tout mettre en ligne. Avec les attentats de *Charlie* et surtout du Bataclan, la communication de l'Élysée nous a sortis du *pool* des journalistes. Nous avons eu des badges qui nous permettaient de faire des photos que personne d'autre ne pouvait avoir. Nous pouvions nous positionner hors des places réservées à la presse. »

Sous Emmanuel Macron, le président devient sans filtre : « La vidéo s'ajoute à un dispositif déjà soutenu. Sibeth Ndiaye, porte-parole du gouvernement, m'a demandé : "Qu'est-ce que tu peux apporter ?", je lui ai répondu que j'aimerais faire des images avec un drone. Elle m'a dit oui. Une compétence de plus à mon actif. Parfois j'obtiens les autorisations, parfois les préfets m'interdisent le survol. »

Sous la présidence d'Emmanuel Macron, tout événement est filmé au moins pour Facebook. « Il y a plus de vie dans les photos aujourd'hui. On a une plus grande liberté. Le président sort de sa bulle devant l'objectif sauf quand il nous invite d'un regard à quitter les lieux. Même notre tenue a changé. Sous Jacques Chirac et Nicolas Sarkozy, je portais un costume et une cravate. Depuis François Hollande, c'est plus cool. »

Si je perçois la fierté de Laurent dans son activité, je comprends aussi que l'évolution de la communication correspond à sa propre transformation. Je m'interroge alors sur ce qu'il a vécu en lui.

L'évocation de la famille Chirac provoque en lui une certaine émotion. « Quand j'ai appris la mort de Jacques Chirac, j'ai eu des frissons, et j'ai été envahi par une grande tristesse, presque de la mélancolie. C'était une époque où nous étions très famille au palais. Bernadette et Claude n'étaient pas étrangères à ça. Les Chirac étaient un peu nos grands-parents.

» Plus proche de nous, il y a eu les attentats. Je me replonge souvent dans la soirée du Bataclan. L'hôpital de campagne était hallucinant et bouleversant. Le "PR" voulait y aller, mais la sécurité a indiqué que la voiture des assaillants n'avait pas été contrôlée. Et le pire était de voir le visage interdit, vide des gens sous le choc. Là, j'ai oublié mon appareil photo. » Dans une interview à *Polka Magazine*, Laurent a raconté un autre moment vécu à l'Élysée juste après le carnage de la promenade des Anglais à Nice, le 14 juillet 2016. Il a pris des photos du président que personne ne peut avoir, au milieu de la nuit, quand le palais est désert. « Je suis un photographe très privilégié comparé à mes camarades de la presse. » Lui aussi me glisse qu'il vit l'histoire de France de l'intérieur.

À présent, à quarante-cinq ans, père d'un petit garçon, Laurent voit arriver des jeunes au palais. « Tant que je suis heureux, je reste à l'Élysée. Je ne connais pas de place aussi enrichissante, aussi exceptionnelle. » ◆

AZIZ DOUKALI
GAULOIS

J'attends dans la loge d'honneur qu'on me conduise à mon rendez-vous quand passe devant moi un type taillé comme une armoire à glace. Son corps évoque la puissance, sa démarche une force tranquille. Il est moulé dans son jean et dans son sweat. Il ne doit pas être de service, me dis-je. Il me lance un bonjour machinal auquel je réponds.

Un homme se dresse devant moi dans le petit bureau d'un directeur absent. « Bonjour, Aziz », dit la personne qui m'accompagne à lui. Et le costaud me salue de nouveau, dans les yeux cette fois.

Originaire d'Aulnay-sous-Bois, Aziz entre par vocation dans la police en 1997. Il est à peine majeur. Pendant vingt ans, il sert dans des compagnies d'interventions CRS à Paris puis à la brigade anti-criminalité. En commençant le récit de son parcours, il place une parenthèse : « Je suis encore en relation avec des mecs d'Aulnay qui n'étaient pas dans mon camp il y a vingt ans. » Je lui demande si cela lui a causé des problèmes de prendre une route si différente de celle que suppose la réputation d'Aulnay, il me répond : « J'ai fait ce que je voulais, j'ai toujours pris du plaisir à être policier. »

Un jour, il est désigné pour effectuer un extra au service de protection des hautes personnalités pour François Fillon, Premier ministre. Pendant trois jours, il découvre un métier, une ambiance, une nouvelle façon de travailler. Il échoue une première fois au test : « Un supérieur hiérarchique m'avait dans le nez. » Devenu brigadier-chef, il recommence lors d'un nouvel appel à candidatures. « De cent vingt kilos, je passe à cent cinq, je m'entraîne pour augmenter ma force musculaire et mon activité réflexe. » Il réussit. Sa première mission est une « vraie "protect" de deux ans » : l'iman Hassen Chalghoumi, l'imam de Drancy, partisan d'un dialogue entre islam et judaïsme. Ses détracteurs le surnomment l'« imam des juifs ». Il est constamment menacé de mort.

En 2017, le candidat Emmanuel Macron passe le premier tour de l'élection présidentielle. Son service d'ordre doit s'étoffer. « On me conseille de me présenter ; je ne le connaissais pas du tout et le lendemain j'étais au Touquet avec lui à faire de la "protect" pour lui. » Il ne le dit pas, mais c'est Alexandre Benalla qui était aux manettes à l'époque. Il reste discret sur cette période, écarte toute question. C'est la campagne électorale qui

le propulse à l'Élysée, comme de nombreux membres de l'équipe qui entoure Emmanuel Macron. « J'ai grandi à Champigny-sur-Marne, alors quand vous rentrez à l'Élysée, c'est une sacrée fierté, pour la famille, pour mon papa qui a fait l'Indochine et pour tout le quartier. »

Ce petit dernier d'une fratrie de sept frères et sœurs m'explique qu'il n'est pas le seul exemple autour de lui d'une parfaite intégration. Et même le terme d'intégration le dérange. « Mon père était français en Algérie, l'Algérie était encore française quand il est arrivé en métropole ! » précise-t-il non sans agacement. Il poursuit : « Je fais partie de l'équipe privée, je suis le "PR" partout. Humainement je n'ai jamais vu ça. Les Macron, ils s'occupent de leurs gars. Le "PR" va prendre le temps de dire bonjour à tout le monde. J'ai protégé des personnalités françaises, les gens du Crif, des dignitaires étrangers. Ils ne sont pas comme lui. Bien sûr, je ne suis que garde du corps. Il reste le président, ce n'est pas un copain, même si nous faisons du sport ensemble.

» Un jour, j'ai eu un problème familial. À 23 h, j'ai reçu un SMS ». Il cite : « Bonsoir Aziz, j'ai appris la nouvelle, sachez que je suis de tout cœur avec vous. Brigitte et moi pensons à vous, nous vous soutenons, Emmanuel Macron. » Il marque une pause avant de reprendre : « Ce qui ne me plaît pas, c'est l'ingratitude des gens. Ils ont la critique facile. » Il voit le travail du président et s'agace devant les attaques qu'il juge injustes.

Il s'énerve. Je cherche à détendre l'atmosphère le questionnant sur son activité pendant la crise sanitaire. « J'ai eu le temps de voir plus souvent mes deux enfants, de faire du sport, de retaper l'appartement. Il y avait moins de boulot, le président sortait moins. » Et, au détour d'une phrase, il me confie que dix ans auparavant, avant la « protect », il interprétait dans des films « des rôles de voyous ou de flics, je me suis même fait tirer dessus par Robert De Niro dans *Malavita* de Luc Besson ». Je retrouve le visage de l'homme affable et souriant du début de notre entretien. Il me raconte ses autres petits rôles, ses figurations, ses autres vies… et les « VO » [Voyages officiels] comme au Ghana ou en Inde quand il escorta le couple Macron : « Nous voguions sur le Gange quand j'ai vu, au milieu des gens qui se baignaient et qui se lavaient, des corps brûler. C'était un rite funéraire au milieu d'autres activités, comme si tout cela n'était que la vie, au fond. »

Je prends congé de cet homme entier qui charrie avec lui l'exemplarité à la française et une faculté à s'emballer très gauloise. ◆

YOHANNA ARVAUD
HISTOIRE DE FEMMES

Pour une fois, je n'ai pas rendez-vous au palais ni dans une de ses dépendances. Yohanna Arvaud dirige une petite boutique d'horlogerie rue du Cherche-Midi à Paris. La boutique est dans son jus, on y voit les marques d'une tradition familiale et du temps qui passe. Le grand-père et le père de Yohanna étaient horlogers et remontaient déjà les pendules de l'Élysée.

Le grand-père de Yohanna était cheminot et passionné d'horlogerie. « Il faisait de la réparation en amateur passionné. Ma grand-mère a repéré une petite horlogerie à céder et la passion de son mari est devenue son métier. Elle a travaillé avec lui, comme ma mère avec mon père. »

La petite Yohanna suivait son père les dimanches de changement d'heure dans sa tournée des pendules du palais. Le contrat qui lie la famille Arvaud à l'Élysée date du septennat de Giscard. Il fallait pour le décrocher être habilité par le Mobilier national. Tous les trois ans, cette prestation fait l'objet d'un nouvel appel d'offres. C'est la loi.

Yohanna, troisième génération Arvaud, commence dans le métier en 2007 durant la dernière année de Jacques Chirac. « Même si j'ai travaillé plusieurs années avec mon père avant de voler de mes propres ailes, je ne me sentais pas très sûre de moi. » Elle ajoute : « C'est gratifiant de travailler dans ce genre de lieu. On est choisi parce qu'on travaille bien. »

Son frère aussi est horloger. « Il est dans la montre moderne, chez Rolex. Dès que les pièces se font rares ou que le fabricant n'exploite plus un modèle, c'est de l'ancien et on vient chez Arvaud ! »

Yohanna ne voulait pas reprendre la boutique familiale au début. « J'ai commencé par bosser à l'"achat d'art" dans l'agence de publicité TBWA. Cela ne m'a pas plu, l'ambiance, et la mentalité des gens. Je n'ai jamais voulu faire le métier de mon père, je crachais dessus. Et puis j'ai réfléchi, mon père partait trois ans plus tard à la retraite. Alors je me suis reconvertie et mon père a été mon formateur au cours de mon CAP d'horlogerie. »

Personne ne la voit passer dans les couloirs de l'Élysée. « Je suis comme les gens de ménage, je passe entre 6 h 30 et 9 h 30. Je fais partie des invisibles. Les pendules sont traditionnelles, à ressort, il doit être correctement remonté. Sinon, elles perdent de leur précision. L'aiguille peut se décaler de plus de dix minutes en moins de deux semaines. Le ressort est en métal et il se dilate ou se rétracte en fonction de la température. Il faut faire des réglages en permanence. C'est à l'oreille qu'on sait si la pendule va bien ou pas. Un peu comme la respiration chez l'être humain. — Et comment faites-vous pour mettre les pendules à l'heure exacte ? — Grâce à l'horloge parlante ! Aujourd'hui, elle ne parle plus, elle est sur Internet ! »

La conservation du patrimoine horloger est du domaine du Mobilier national. « Que cela soit à l'Élysée, ses dépendances, la Cour de cassation, la Cour des comptes, la Quai d'Orsay, l'Éducation nationale, le Louvre ou encore les Archives nationales, tous ces établissements possèdent des pendules à ressort. Nous en traitons certains. Toutes ces horloges font partie des arts décoratifs. L'horloge la plus moderne date du XIXe siècle et la plus ancienne du XVIIe siècle. Il y a deux pendules dans le bureau du président, les mêmes depuis le général de Gaulle. »

Si Yohanna se montre discrète sur les liens contractuels et financiers qui la lient à l'Élysée, elle ne rentre pas non plus dans les détails sur ce qu'elle peut remarquer en arpentant les couloirs de l'Élysée et ne me livre pas d'anecdotes. Le palais exige de ses prestataires la plus grande réserve. Yohanna a l'habitude du secret, elle n'en joue pas.

Le savoir-faire héréditaire d'une famille française telle que les Arvaud est un exemple de l'artisanat d'exception qui fréquente l'Élysée. J'y vois surtout le double symbole d'une tradition et d'une transmission familiales, et d'une conquête par trois générations de femmes. La première a permis à une passion de s'exprimer, la deuxième à une affaire de perdurer et la troisième a repris le flambeau en attendant, qui sait, de le remettre à son fils, aujourd'hui dans un siège bébé… Les Arvaud font eux aussi partie de l'histoire du palais. ◆

EMMANUELLE PAVILLON GROSSER
SOUCIEUSE

Le premier étage de l'aile ouest de l'Élysée abrite des services liés à l'organisation de l'agenda du président, comme le protocole. Emmanuelle Pavillon Grosser est la responsable du bureau du protocole.

Le protocole concerne toutes les rencontres internationales du président, qu'elles se situent en France ou à l'étranger. Lorsque le locataire de l'Élysée reçoit un dignitaire étranger, Emmanuelle et ses équipes sont en charge de son accueil et de celui de sa délégation.

Au début de notre entretien en ce milieu d'après-midi ensoleillé, Emmanuelle s'assure que je suis bien installé et que je ne souffre pas trop de la touffeur qui règne dans son bureau dépourvu de climatisation.

Elle est diplomate de carrière sans avoir fait Sciences Po ou l'ENA. Elle a une licence de japonais, une maîtrise d'histoire contemporaine complétée par un DESS en hautes études internationales. Elle est arrivée à l'Élysée en progressant au sein de la fonction publique. Elle a approché le monde du protocole en 2012 quand, alors en poste à l'ambassade de France à Washington, elle a dû organiser la visite de Nicolas Sarkozy pour un G7 et une rencontre de l'OTAN. « Mais il n'est pas venu parce qu'il a perdu l'élection présidentielle. Nous avons dû tout adapter pour François Hollande. C'était une expérience un peu folle et excitante. »

Après des affectations dans d'autres pays, elle entre au cabinet de la mairie de la Ville de Paris qu'elle quitte le 24 mars 2019 pour intégrer l'Élysée. « Le jour de l'arrivée du Chinois ! » Dans la diplomatie, le dignitaire étranger est nommé par son pays. « C'était une visite d'État. Cela a lieu une ou deux fois par an. J'étais surtout spectatrice, cette visite m'a empêchée de vivre l'émotion du premier jour. »

Son poste de responsable dépend de deux patrons dans les faits. Statutairement, elle est rattachée au chef du protocole du ministère des Affaires étrangères (celui qui accueille, au côté du président, les autorités étrangères sur les marches du perron). Au quotidien, elle est davantage aux ordres du directeur de cabinet du président. « Le protocole, c'est beaucoup de doigté et d'intelligence de situation. J'informe toujours le ministère des Affaires étrangères de ce que je fais. » Sans doute en période de cohabitation les relations se complexifieraient-elles.

Elle illustre son métier par une anecdote. Quand le président s'est déplacé au Japon en juin 2019, elle avait préparé le déplacement et a

“On a toujours des négociations sur les formats avec nos homologues des autres pays. On doit choisir qui accompagne le "PR" et comment. C'est la cellule diplomatique qui fait les arbitrages. Il faut toujours faire preuve de tact parce que l'invitation va être rendue, et entretenir de bonnes relations permet de se prémunir contre une négociation compliquée… Comme dans les couloirs de l'Élysée.

accompagné le cortège. « Le président est dans le train public entre Tokyo et Kyoto. J'entends des voix s'élever à la porte du wagon. Un gendarme de la sécurité, sans nuance, empêche un voyageur de pénétrer dans le wagon du président, au grand agacement du contrôleur qui sait que les autochtones ont le droit de circuler dans le train, y compris par la voiture du "PR". C'était convenu ainsi. La sécurité ne l'entend pas de cette oreille. Je me suis approchée et le voyageur me dit : "Vous savez, Madame, je suis invité au dîner de votre président ce soir", en exhibant l'invitation. J'avais en face de moi Sou Fujimoto, l'un des plus grands architectes de l'archipel. J'ai pris sur moi de le présenter au président sous le regard attentif du gendarme scrupuleux. » Et elle ajoute avec un sourire malicieux : « Le président a découvert à cette occasion que je parlais japonais. Il ne savait pas que j'ai vécu sept ans là-bas. »

Je sens dans sa voix de la fierté, celle d'avoir montré son sens de la diplomatie en dénouant un problème protocolaire, et celle d'avoir pu habilement se faire connaître du président par ses compétences.

« C'est dans les voyages officiels ou préparatoires que mon travail me plaît le plus. Les visites dans les pays avant le déplacement du "PR" restent tout de même les plus sympas. Dans ces cas-là, on va repérer tous les lieux, on analyse toutes les options. Par exemple, pour le Rwanda, nous avons pensé que le "PR" devait passer par le Mémorial du génocide, et notamment la partie dédiée aux enfants. Allez-y un jour, vous ne pourrez pas rester insensible. »

Elle poursuit par le voyage qui a suivi, en Afrique du Sud : « Quand nous décidons que le "PR" devrait se rendre à la fondation Nelson Mandela, ce qui n'est pas prévu au programme, nous devons tout organiser sans les autorités locales. Une fois le nouveau parcours arrêté, elles assureront notre sécurité. Nous ajoutons de la complexité à la complexité. Il y a aussi un voyage dans le voyage officiel, celui des invités. Pendant les rencontres entre les chefs d'État, il faut occuper la cohorte des accompagnateurs, nous leur préparons un programme spécifique qui va de visites particulières à la rencontre de leurs homologues locaux. Parfois ils peuvent avoir des envies et des rythmes différents. Alors il nous arrive de jouer les nounous sévères. Les membres du GSPR nous y aident. Ils sont souvent très... convaincants, précise-t-elle avec un sourire. Il y a une règle qui ne souffre pas d'exception : quand le président est dans sa voiture, le cortège démarre, avec ou sans eux... »

Depuis le début de notre dialogue, Emmanuelle use d'un vocabulaire très choisi pour ne pas trop en révéler tout en offrant la possibilité de comprendre ce qu'elle vit.

Le protocole existe pour mettre de l'huile dans les rouages des échanges internationaux. Il est crucial pour le bon déroulement des événements et, par son sens de la diplomatie, pour le prestige de la France à l'étranger. « On a toujours des négociations sur les formats avec nos homologues des autres pays. On doit choisir qui accompagne le "PR" et comment. C'est la cellule diplomatique qui fait les arbitrages. Il faut faire preuve de tact parce que l'invitation va être rendue, et entretenir de bonnes relations permet de se prémunir contre une négociation compliquée. Il faut louvoyer, comme dans les couloirs de l'Élysée... »

Le protocole réunit une équipe de moins de dix personnes qui doit s'appuyer sur les autres services pour accomplir sa mission. C'est une constante que je retrouve dans toutes mes interviews : petites structures, grande collaboration. Le plus souvent, il n'y a pas de rapport hiérarchique entre elles et elles doivent s'entendre pour que le président puisse se concentrer sur sa tâche essentielle : assumer le mandat qu'il a reçu des Français. « Tout ce que nous mettons en place provient d'un travail en commun. Tout est vérifié plusieurs fois, il ne peut y avoir d'erreur venant de nous. Ce sont toujours des éléments extérieurs qui viennent perturber notre dispositif. »

En fin d'entretien, elle se confie avec philosophie : « Ma fonction au palais m'a permis de sortir de ma zone de confort. Je me suis extraite des cultures européenne et asiatique pour appréhender les mondes africain et moyen-oriental en me rendant en Mauritanie, au Tchad, au Rwanda, au Liban, etc. Ces travaux préparatoires me font du bien. Aller dans ces pays permet de relativiser ce que nous vivons en France. Nous ne devrions pas nous plaindre. » Je l'interroge sur ce qu'elle fera après l'Élysée : « Mon poste est lié au président et à son agenda. Je ne suis pas dans son cabinet, je travaille pour le président en place. Je ne sais pas ce que je ferai si en 2022 la présidence change, mais j'aimerais bien retourner au Japon. Mon mari me suivrait. »

Je quitte Emmanuelle sur son sourire après qu'elle a formulé l'espoir que je n'aie pas souffert de la chaleur dans son petit bureau au plafond si bas, mais rehaussé d'images invitant aux voyages. ◆

MIKE
CHAMPION DU MONDE

Bel homme, sourire de mannequin, tenue simple et élégante, il porte sur le bras une chemise de costume qu'il a récupérée à la lingerie. Il me donne son nom, mais précise qu'il préfère que j'utilise son pseudo connu de tous au palais, « Mike ». Il est « l'épaule » du président, le garde du corps qui se tient en permanence derrière son épaule quand il va et vient dans le palais.

Mike est entré à l'Élysée le 22 août 2004 après avoir été notamment gendarme du GIGN en Guyane. « Porter un costume n'était pas dans mes habitudes, j'entrais dans la première maison de France. Rien que traverser la rue pour aller me présenter était impressionnant. Rendez-vous compte, toutes les décisions du pays se prennent là. J'étais très intimidé. Aujourd'hui, moins, mais je suis toujours aussi fier d'être ici. D'ailleurs, j'ai appris que papa en parle tout le temps. Mes deux enfants aussi. Quant à mes trois et bientôt quatre petits-enfants, je ne sais pas ! Quant à la mère de mes enfants, je ne sais pas non plus, nous avons divorcé quand je suis entré à l'Élysée ! » Il sourit. Mike a cinquante-quatre ans. Je lui en donnais moins. Il est débonnaire et jovial, avec ce côté enfantin qu'a Belmondo dans certains de ses films. Son rire chaleureux est communicatif.

À ses débuts à l'Élysée, à trente-sept ans, il s'initie au krav-maga qu'il appelle en souriant « la danse israélienne ». Cet art martial inventé et utilisé par Tsahal combine des techniques provenant de la boxe, du judo, du jiu-jitsu et de la lutte. Il développe sa rapidité d'action. C'est sans doute la maîtrise de ce sport de combat qui donne à Mike son assurance tranquille. Il est champion du monde dans sa catégorie. « C'est un collègue policier de l'Élysée qui m'a emmené au dojo du palais. J'ai commencé avec des ceintures noires. C'était plus facile pour apprendre plus vite. » Je lui montre le portrait d'un de ses collègues (voir portrait d'Aziz Doukali, p. 147) que le photographe a réalisé quelques jours auparavant. Il éclate de rire : « Ce sont mes trophées derrière lui ! Nous sommes farceurs entre nous ! » Il sort son téléphone et me montre la couverture d'un livre sur laquelle il figure derrière trois des quatre présidents qu'il a servis. « Vous voyez, c'est moi derrière Macron, Hollande et Sarkozy. Personne n'a une photo pareille ! » Je lis un certain orgueil dans ses yeux.

« Je suis né à Baden-Baden en Allemagne, papa était dans les forces françaises en Allemagne. J'ai grandi à Besançon. L'armée est une histoire familiale. Mon fils de vingt-six ans est gendarme à Chambéry. Il travaille

avec des gens avec qui j'ai vécu quelques expériences. Une fois, au fort de Brégançon, il a fait la sécurité extérieure alors que j'étais à l'intérieur. Là, j'étais un papa fier ! »

Il s'enflamme. Ses mots se font émotions, affections et sentiments. Il s'ouvre et se raconte. Progressivement, je note dans son débit de paroles un léger défaut d'élocution, les mots se pressent dans sa bouche. Il le sait : « Je suis le troisième d'une fratrie de trois garçons, celui qui ne devait pas venir. Je hausse la voix quand je suis ému. Parfois, je bute sur les mots. Je n'ai pas beaucoup lu dans ma vie. Je m'y suis mis il y a quatre ou cinq ans. Je manque de vocabulaire, enfin, disons que le bon terme ne vient pas. Je parle vite quand je me sens à l'aise… Vous, vous êtes un gars calme ! » Je lui fais comprendre par une moue que ce n'est pas toujours le cas.

Enthousiaste, Mike partage sa joie d'avoir côtoyé Nelson Mandela quand il était l'épaule de Nicolas Sarkozy ou quand, avec François Hollande, il a approché la reine d'Angleterre en grande tenue. « Avoir la chance de frayer avec des personnages qui font l'Histoire et qui ont connu un parcours unique et étonnant… Et malgré tout, leur trait commun est l'humilité.

» Sous Hollande, j'ai pu rencontrer un des derniers poilus. Cela résonne en moi, il y a une fraternité militaire. C'est dans la difficulté qu'on reconnaît les gens. Je me suis permis de lui demander si je pouvais faire une photo avec lui. »

Et il enchaîne sur un sujet qui lui tient à cœur, la jeunesse : « Quand je fais passer les tests, je vois des jeunes qui ne savent plus se faire mal et qui ont perdu le goût de l'effort. Ils ne veulent pas se salir et ramper dans la boue. C'est une drôle de génération. Sans doute née trop loin de la guerre. À propos, je suis anti-réseaux sociaux, mes enfants ont interdiction de me montrer sur leurs pages. Tant que je travaillerai ici, ça sera comme ça. » Un homme d'action comme lui ne peut se satisfaire des écrans, de leur confort et de leur vacuité…

Être l'épaule du président quand il se promène seul dans un palais ultra-sécurisé n'est-il pas quelque peu excessif ? La réponse du militaire claque : « Paranoïa ? Non, un compromis entre la sécurité du “PR” et sa tranquillité. Un incident peut se produire à chaque instant : cela va du malaise à l'attentat en passant par n'importe quelle demande du “PR”. Imaginez qu'une personne du palais soit prise d'une crise de folie et commette l'irréparable ? » Il a changé de visage. Ma question l'a sans doute froissé et je m'en excuse. « Pas de mal ! Depuis les attentats, il règne un climat particulier. Nous sommes passés d'une vie normale à une situation d'horreur. La tension est montée d'un coup. Nous avons tous accru notre vigilance. Et cela continue encore aujourd'hui. »

Il termine en me citant sa devise : « Être fort pour être utile ». Après quelques recherches, je découvre la citation complète de Georges Hébert : « Soyez forts, physiquement et moralement, pour être utiles aux autres et, enfin, aussi à vous-même. » Tout Mike, au fond. ◆

“ Quand je fais passer les tests, je vois des jeunes qui ne savent plus se faire mal et qui ont perdu le goût de l'effort.

QUELQUES CONSTATS ET AUTRES RÉFLEXIONS

Tout n'a pas été rapporté dans ces portraits. Il aurait fallu un livre plus long, voire une série de reportages télévisés. Voici, en vrac, quelques remarques que je me suis formulées au cours de cette aventure.

Les sujets n'ont pas eu besoin d'être briefés. Ils sont fiers de travailler à l'Élysée. Même si, souvent, ils assurent qu'ils ne font pas de politique, ils en font malgré tout. Bien sûr, pas la politique conventionnelle et militante, mais une implication de tous les instants pour que le sommet de la pyramide puisse agir l'esprit libre. Un soutien sans faille. L'Élysée ne connaît ni grève ni mouvement social… Certains m'ont quand même confié qu'ils partiraient en cas de président issu des extrêmes.

Qui travaille en entreprise est concentré sur la production et la vente d'un bien ou d'un service. Au palais, bien et service se résument au président. Les huit cents personnes du palais sont alignées sur le confort d'un homme afin qu'il soit dégagé des contingences matérielles et puisse se consacrer aux exigences de son mandat.

La politique des ressources humaines au palais a évolué sous Nicolas Sarkozy, qui souhaitait unir l'engagement dans la fonction à l'engagement militant. Seuls sont signés depuis des contrats à durée déterminée. Mais, comme un air du temps, les salariés de l'Élysée ont eux aussi envie de changement. Travailler à la présidence use et fatigue terriblement. Tous m'ont rapporté que pas un locataire du palais ne voit pas ses cheveux grisonner ou chuter, quel que soit l'âge. Le premier sacrifice de la fonction est capillaire.

À l'instar des militaires, les fonctionnaires et les contractuels s'adaptent au rythme présidentiel. Toutes les mères m'ont précisé qu'elles n'auraient pas aimé œuvrer au palais avec des enfants en bas âge. Légalement, les trente-cinq heures sont de mise, dans la réalité, ils oublient les horaires et sont fiers de servir, de participer à la marche de l'Histoire qu'ils voient se dérouler devant eux.

On m'a rapporté que la moyenne d'âge du personnel de l'Élysée a baissé depuis François Hollande et plus encore avec Emmanuel Macron. Pour le premier, le retour de la gauche au pouvoir a provoqué un écrémage des anciens marqués à droite. Pour le second, le rajeunissement provient du pas technologique que le président souhaite imposer aux équipes.

L'Élysée n'est pas un bon exemple de la « Start-up Nation » qu'il promeut. C'est une organisation dont les fondamentaux ne bougent que très marginalement. Le président est surprotégé par son premier cercle pour qu'il puisse rester concentré sur l'essentiel : prendre des décisions. Plusieurs m'ont raconté qu'il fallait respecter le circuit hiérarchique de la note alors que, pendant la campagne de 2017, Emmanuel Macron était beaucoup plus accessible. Les conseillers rédigent des notes qui sont visées par leur chef avant d'être transmises à la chefferie de cabinet pour avis et adéquation avec l'agenda. C'est le péage obligatoire avant de poursuivre leur parcours vers le bureau du président. Toutes ces étapes permettent d'ajouter de la valeur au document final, à l'image des hommes et femmes de terrain qui travaillent toujours en équipe.

Si nous, Français, sommes très attachés à l'autorité du chef, il n'en demeure pas moins que nous adorons le tancer. Voire lui couper la tête ! Ceux qui travaillent pour la présidence de la République ne supportent pas qu'on dénigre le président, et peu importe leur couleur politique. Nombre d'entre eux m'ont expliqué que le « job de président » est d'une complexité incommensurable car il doit sans cesse trouver des solutions à des injonctions contradictoires. Bien sûr, il a choisi ce fardeau, il n'empêche que tous défendent son activité. Ils saluent l'abnégation à la tâche de Nicolas Sarkozy et d'Emmanuel Macron.

Les moments de détente sont inexistants, m'ont-ils déclaré. Les salariés épousent le rythme de l'agenda présidentiel. Si les circonstances en demandent plus au président, les équipes augmentent la cadence. Durant les grandes crises, comme celle des *subprimes* en 2008 ou les Gilets jaunes en 2018, le personnel de l'Élysée n'a pas compté ses heures, contrairement aux périodes de confinement où le palais, sans pour autant requérir le télétravail généralisé, a fonctionné au ralenti.

Chacun à sa manière a bien noté le changement de la communication autour du président. Même ce livre en est le résultat. C'est mon intention de mettre en lumière des gens qui font un travail d'une rare qualité qui a permis mon immersion à l'Élysée. Je ne suis pas certain que j'aurais eu sinon la permission… La montée du *storytelling* et du désir de transparence date de la présidence de Nicolas Sarkozy. Les uns s'en réjouissent parce que les citoyens voient à l'œuvre celui qu'ils ont élu, d'autres considèrent que trop de communication tue la communication parce qu'un événement chasse l'autre et que le message devient furtif. Un des interviewés m'a déclaré que l'important est de faire connaître l'ambiance plus que les faits, et qu'elle seule permet de caractériser l'Élysée.

J'ai navigué dans différents mondes professionnels (Internet, publicité, médias), je n'ai jamais été aussi agréablement surpris qu'à l'Élysée par la qualité de la relation qu'entretiennent les personnes entre elles. Bien sûr, il y a des engueulades et des tensions, comme partout. Ce qui est largement partagé par tous est la politesse. « Cette huile dans les rouages de la bienséance entre des gens qui ne se connaissent pas », me disait une grand-mère qui oubliait toujours l'auteur de la citation. Dès le premier jour, j'ai retrouvé cet esprit que j'ai vécu des années plus tôt quand je faisais mon service militaire. Quiconque entre au palais est considéré comme un archiduc. Cela change beaucoup de ce que l'on peut connaître ailleurs !

Les salariés de l'Élysée m'ont tous parlé, chacun avec ses mots, de la théorie des trois costumes des présidents. Le premier est le costume monarchique, le deuxième est le costume empathique et le dernier est le costume sacrificiel. Un grand président doit réussir à endosser les trois. Bien sûr, j'ai cherché à connaître l'avis de mes interviewés… aucun ne m'a répondu. Comme contraint par le devoir de réserve. Toutefois, ils ont tous attribué un ou deux costumes à chacun. Jamais trois. Pour Emmanuel Macron, il semble qu'il soit à deux sur trois, mais jamais les mêmes. Il lui reste encore un peu de temps.

La France fait la présidence. Parmi les trente portraits, il y a quatorze femmes et seize hommes. Ils sont civils, militaires, fonctionnaires. Il n'y a qu'une Parisienne de souche, et encore, elle est prestataire de l'Élysée. Il y a trois « banlieusards », tous les autres proviennent de différentes régions de France. On m'a assuré que cette proportion peut être généralisée à l'ensemble des huit cents personnes qui occupent le palais.

INTERVIEWER LES INVISIBLES DE L'ÉLYSÉE est une entreprise de patience et d'adaptation. La présidence de la République n'est pas un endroit banal.

En 2020, j'ai publié un ouvrage, un site Web et un livre audio sur les cheminots, d'autres invisibles. J'ai fait suivre cette immersion dans le monde du train par un courrier au chef de l'État, pour qu'il cite enfin dans ses discours durant le premier confinement les cheminots parmi « la deuxième ligne de front » après la première constituée par les personnels de santé et de sécurité. J'ai reçu du président une réponse de deux pages sur son amour du train[1]. J'ai été étonné par son style beaucoup plus empathique et libéré que ce qu'il montre d'ordinaire.

En février 2021, j'ai demandé audience au directeur de la communication pour lui remettre des exemplaires du texte. Pendant notre entretien, j'ai eu l'idée de ce livre sur les invisibles de l'Élysée et je lui ai soumis. Il m'a demandé de lui « faire une note d'intention ».

Quatre jours plus tard, j'ai reçu un accord exclusif. Il a fallu ensuite attendre qu'un chef de projet soit nommé et qu'il entre en contact avec moi. J'ai patienté et j'ai dû réexpliquer mon projet. Deux mois se sont écoulés. La présidence de la République a d'autres priorités.

Puis est venu le moment des demandes d'interviews auprès du personnel du palais. La direction de la communication s'est adressée à chaque service pour acceptation du principe. Enfin la proposition est descendue jusqu'aux individus attachés à l'une ou l'autre des quatre grandes administrations du palais. Évidemment, relancer a été nécessaire... plusieurs fois. Encore un mois qui passe. Le seul sujet prioritaire est le président.

J'avais presque perdu espoir et envisageai de m'interroger sur cette lenteur administrative dans une tribune dans la presse quand un mail m'est parvenu avec une première liste d'une vingtaine de noms. Il en manquait, mais c'était déjà ça. Restaient les rendez-vous à fixer, mais l'affaire prenait forme. Je prenais une leçon : pendant ce qui m'apparaissait comme un long délai, les choses s'organisaient en silence.

Commença le moment des calages de rendez-vous. Encore quelques jours de patience avant de pouvoir m'asseoir devant mon premier interlocuteur. Je trépignais, ça n'avançait pas assez vite à mon goût. Cependant,

---

1 Reproduite dans *sans-precedent.com*, chapitre 6.

au fur et à mesure, l'agenda s'est rempli avec des noms et des métiers, dont quelques-uns pour lesquels je n'avais pas notion.

En somme, il s'est passé presque trois mois entre la proposition et le début des interviews. Entre-temps, j'ai ménagé l'éditrice et le photographe qui se demandaient si je ne les avais pas menés en bateau.

Voici le point de vue de Sacha sur cette période : « J'avoue que ton coup de fil du 25 février 2021 m'a quelque peu surpris : "Bonjour, je suis un ami de S.C. et de D.A., j'ai un projet de livre sur l'Élysée." Voulais-tu que je photographie notre président en costume de hot dog pour prouver à la France entière que nos dirigeants étaient doués d'autodérision ? Allais-tu me proposer d'imaginer une mise en scène du chef de l'État en costume de roi futuriste ? "Je voudrais faire une série de portraits des gens de l'ombre de l'Élysée. J'aimerais que vous fassiez les photos." Je suis resté sans voix pendant quelques secondes. J'ai tout de suite pensé : "Non." C'était un projet sérieux, loin de mes univers et de mes compétences. Pas de mise en scène, pas de costume de salsifi, pas de décalage... Seulement des portraits... à l'Élysée. Et je me suis entendu dire : "Bien sûr, ça m'intéresse. Mais vous êtes sûr que vous ne vous êtes pas trompé de numéro ?" Après m'être résigné à ne pas débarquer à l'Élysée avec une équipe de trente personnes, huit cents kilos de matériel et une soucoupe volante, j'ai commencé à réfléchir à la manière de traiter le sujet de façon à servir le projet. Au lieu de travailler la lumière, j'allais me concentrer sur l'ombre. Le noir et blanc me semblait une évidence et si j'avais dû mettre un film sur les images que j'avais en tête, j'aurais cité *Citizen Kane*. Avant d'entreprendre ma mission, j'étais plus focalisé sur la qualité de mes photos, des cadres et des différents décors que sur les personnes que j'allais rencontrer. Or le propos tourne plus autour de rencontres remarquables que d'une performance artistique. Au cours de ces dix jours de travail, j'ai été touché par ces différentes personnalités qui entourent notre président. Touché par leur simplicité, par leur compétence. Souvent très drôles, ces êtres d'exception ont posé timidement devant l'objectif. J'ai dû faire le clown parfois pour les mettre à l'aise. Je le concède, plus d'une fois m'a traversé l'esprit l'envie de les habiller dans des costumes loin de l'univers du palais... »

Lui comme moi avons vécu une expérience hors du commun.

FERMETURE

Ces femmes et ces hommes qui ont eu la gentillesse de participer à cet ouvrage sont tous exceptionnels. Du plus éloigné au plus proche du président, ils sont utiles à la République. Et même indispensables. Chacun avec son caractère, sa générosité et sa complexité a pris le temps de se dévoiler parfois en clair, parfois en obscur. Pour certains, même, plus clair en photo qu'en texte ou inversement. Qu'ils soient tous remerciés. Chacun d'entre eux m'a permis d'encore mieux comprendre l'importance de cette machinerie humaine au service des Français.

Sans ces invisibles de l'Élysée, le dessein présidentiel serait compromis. Quel qu'il soit.

À notre échelle, vous, moi, nous sommes entourés d'invisibles.

Tous les matins, un sans domicile fixe assis dans la rue nous voit passer. Tous les jours, nous croisons les mêmes personnes dans les transports en commun, ceux qui nettoient pour nous les rues ou nos bureaux. Peut-être même ne remarquons-nous plus ce policier qui règle la sortie d'une école, le soupir de la boulangère derrière sa caisse enregistreuse, ou encore le marchand de journaux à qui nous déposons l'appoint du journal dans lequel nous sommes déjà plongés… Il y en a tant.

En 1986, dans son délicieux album *Irène*, Pierre Perret interprétait « Voir ». Encore aujourd'hui, il nous demande : « Voir il faut voir sais-tu voir / La fleur séchée dans l'armoire / Les adieux les quais les gares / Quand les amours se disloquent / Voir il faut voir sais-tu voir / Le chômeur ancien taulard / Qui sera partout tricard / Et le destin dérisoire / Du vieux travelo sans espoir / De la fille sur son trottoir / Et du type qu'on a fait boire / Et qui fait rire tout le monde. »

J'aurais pu choisir n'importe quelle strophe.

Est-ce à dire que ce que nous ne voyons pas nous révèle ? Sans doute. Il faudrait peut-être se demander si ce qui est visible n'est que le reflet de ce qui est invisible.

Emery Doligé,
Guainville, le 18 septembre 2021.

REMERCIEMENTS

Emery remercie : Sofia Bengana, Sophie Lajeunesse, Jean-François Merle, Elisabeth Godfraind, Fatna Bezzaouya, Clément Léonarduzzi, Laurence Lasserre, Nikos Aliagas, Hannah Assouline, Séverin Cassan, Clara Dupond-Monod et Pascale Launay.

Sacha remercie : Yisang Shin, Ben Bensimon, Igor Berthet, Gyom Dos Santos, Fujifilm et Emery Doligé.

Tous deux remercient Ismaël Amiar. Il a été l'efficace chef de projet élyséen qui a orchestré toutes nos demandes et a mis en place les meilleures conditions de rencontres. Il est l'auteur amateur et amusé de la photo du rabat de couverture.

Conception graphique : Le Studio.
Photogravure : Point 11
Achevé d'imprimer en Belgique par Graphius